は話し方が9割

共感對話

1分鐘讓人喜歡的對話術

影響超過70萬人的正向說話導師
永松茂久
陳令嫻 譯

suncolor
三采文化

「面對初次見面的人不知道該說什麼。」

「話題總是無法持續，聊一下就停下來。」

「不知道該說什麼和如何說。」

「曾經因為口拙而失敗。」

「曾經莫名惹怒對方。」

「不知道該說什麼好炒熱氣氛。」

「不太擅長和他人溝通。」

「無法坦率說出心裡話。」

「害怕沉默。」

倘若你有上述的煩惱，本書正是為你而寫。

〈序言〉

原本笨口拙舌的人也能快樂聊天的訣竅

你是否想過要是能言善道的話，人生便能一帆風順呢？

相信你會拿起這本書，正是因為做如是想吧！

其實許多人都對自己不擅言詞而自卑，不是只有你一個人為此煩惱。

至於該如何解決這個煩惱，我直接先說結論。

做法很簡單。**想變得能言善道就是避開合不來的人，增加和合得來的人談話的時間**。

只要習得本書傳授的方法，**你一定會變得能言善道、辯才無礙**。

光是做到這點，過往人際關係的煩惱便會煙消雲散，反而懷疑起自己當初怎麼會為此頭大？

透過和合得來的人聊天，鍛鍊出口才之後就不再有合不來的人，也會受到眾人喜愛。受到大家歡迎之後，機會與財富也會隨之而來。

因為口才而無往不利的人其實並不是具備什麼特別的話術，而是溝通方式與其他人有些許差異。這個些許差異，其實人人都學得會。

我在這裡想請教大家一個問題：你認為什麼樣的人算是能言善道呢？是搞笑藝人、相聲大師或是主播等口若懸河的人嗎？還是公司的簡報高手，擅長運用言語帶動大家呢？

本書並不是要把大家培養成這種辯才無礙、談吐如流的高手，而是**教導更為日常的話術，改善與同事、上司、客戶、家庭、朋友、伴侶、戀人或是社團夥伴等身邊之人的人際關係。**

比起站在人前簡報，人生中更常見的是日常的溝通。無論是多麼卓越的辦法，無法實踐於日常生活中便毫無意義。反之，日常生活溝通順暢無礙便能帶來愉快滿意的人生。身邊的人都會支持你，願意為你付出。

我在二十六歲時開了三坪大的章魚燒店，過往的失敗經驗不勝枚舉。詳細的經商細節留待第一章的第七節再說明。總之回顧過往溝通時總是自顧自地發表意見，給工作人員和周遭的人添了許多麻煩。改變溝通方式之後，人生也隨之出現一百八十度的轉變。

如同我個人的例子，相信大家身邊也曾出現因為說錯一句話而引來眾人敵視的例子，或是因為說明不足而吃虧。

「這個人為什麼非得這時候說這句話呢？」

「為什麼重要的事情，關鍵時偏偏不說呢？」

說什麼和如何說將大幅左右你的人生。**這些因為言詞所造成的人生差異，不是端看在人生重要的舞台上如何表現，而是日常生活中如何溝通小事的總和累積。**

客觀審視自己最為困難。我希望每位拿起本書的讀者都能學會在正確的時機表達意見，因此寫下本書。

近年來溝通、口語教室門庭若市，報名的學生大排長龍。由此可知，許多人都為了不擅言詞而苦惱。然而無論學習多少口頭上的話術，都無法打從根本解決真正的煩惱。這是因為**溝通時對方聆聽的是你整個人，而非口中的言詞**。

倘若只是想學習表面的話術，本書恐怕不符合你的需求，請另行尋找指導「這樣說話就能無往不利」的書籍。本書適合的是計畫從頭學習溝通基礎的讀者，相信必定能徹底顛覆過往的人生。

我敢肯定地說：改變溝通表達方式，便能改變九成的人生。

第1章 人生九成靠說話

第2章

讓人「想再見你一面」的說話方式

第3章 不被討厭的說話方式

第4章

打動人心的說話方式

第 1 章

人生九成靠說話

01

為什麼能言善道的人，人生總是一帆風順呢？

你的說話方式是受到周遭的人影響的結果

相信很多人都聽過「自我肯定」這個名詞，最近經常出現在電視雜誌等媒體上。我在此為不熟悉的人解釋這個名詞的意思。

這個名詞的意思正如字面所示：「你肯定你自己嗎？」

例如能馬上說出「我很認真生活。無論周遭的人說什麼，我都是個有價值的人」，代表高度肯定自我。

另一方面，缺乏自信和在意他人眼光的人難以肯定自我。

日本人自我肯定的程度在世界上的排名是前還是後呢？

有個針對七個先進國家的高中生所做的調查發現，日本竟然是第七名，也就是最後一名。這可是十分嚴重的問題。

就算調查對象是高中生，這個調查結果還是真實反映了現在的日本社會。調查結果的縮影正是一般日本人的日常生活，這些因為無法肯定自我而苦惱不已的人就在你我身邊。

我們從小受到言詞，也就是周遭的人所說的話影響而成長。積極肯定自我的成人所養育的兒童也能積極肯定自己。

當周遭都是無法肯定自己的成人，在這種環境下成長的孩子也難以肯定自己。換句話說，這個調查結果或許意味著現在的日本成人也難以肯定自己。

《二〇一九年台灣兒少遭受家長言語暴力經驗調查報告》中發現，曾受家長言語暴力方式管教的兒少，出現失眠、焦慮、憤怒、憂鬱和自卑等現象的機率，會比未曾受家長用言語暴力對待的兒少高。（此數據為繁體

中文版新增數據）

合宜的溝通方式隨時代而改變

相較於歐美人士，過去日本人在外人眼裡是不擅溝通，也就是笨口拙舌的民族。以往日本人反駁的理由是「日文裡有一句話叫做『以心傳心』，意思是不用開口說也能感受對方想要表達的意思。這就是我們溝通的方式」。

但是歐美文化現在普及滲透到日本社會的每個角落，強調心領神會的「以心傳心」已經是過去式。因此無論是否喜歡這種風潮，身處於現代的日本社會就必須將用字遣詞、表達方式與溝通可視化。

換句話說，如何說和如何表達成為建立人際關係的重要因素。

接下來的章節以可視化為前提，介紹具體的溝通表達方式。

「如何說」已經成為現代日本社會的重要課題，人際關係無往不利的人究竟是怎麼說話的呢？

100%受歡迎的溝通訣竅

01

當身邊的人都很會說話，自然開得了口。

02

心態勝於技巧

勇於肯定自我，開口自然變輕鬆

「站在人前說話時，腦袋突然一片空白。」

「人家跟我說不知道我在說什麼之後，我就失去自信了。」

「人家嫌我聲音太小，我就不知道該怎麼辦了。」

相信許多誤以為自己不擅表達的人，都是因為有過這些痛苦的經驗。無法開口代表在溝通表達領域難以肯定自己。

雖然不太為人所知，這種無法肯定自己的心態稱作「自我否定」。健全的自我肯定帶來自信。反之，開不了口和無法建立良好的人際關係，可能都是來自於自我否定。

如同前文所述，大家不需要因為一兩次失敗就誤以為自己笨口拙舌。然而許多自以為口才欠佳的人，多半是因為幾次失敗或無情的指責而從此有了心理陰影。

這些人只要學會放鬆和肯定自我，表達方式便能有長足的進步，建立更好的人際關係，和人相處時更自在。

不需要把對方的指責看得太重

前幾天有人來找我諮詢：「我問朋友住在哪裡，他說有些人聽到這種問題會不舒服，我不應該隨便開口問。從那之後，我就不敢問大家住在哪裡了。」

同一句話聽在每個人耳裡感受不同，對方說的話也不無道理。

對方的意見換個角度也能說是忠告：「每個人對於隱私的定義不同，講話時要多加留意」。

然而我認為大家至今遇過成千上萬的人，卻因為一個人的指責而退縮氣餒未免太可惜。

大家或許是因為一兩次意見分歧或是感覺相左而心靈受創，失去自信，從此害怕說話。

如果這是你不敢開口的原因，我敢向你保證：不需要因為一兩次失敗就害怕表達自我。

對方的意見不過代表他討厭那一類的話題，下次不要再問他就好了。

你不否定別人，別人自然也不會否定你

然而由於過去的失敗而無法自我肯定的人該如何修復心靈呢？

因為說話而失去的自信還是得靠說話來恢復。恢復自信的關鍵是「**全面肯定**」，也就是**絕對不要否定發言的人，也不要讓自己遭到否定**。

換句話說，談話時在彼此之間**營造「沒有否定的空間」**。

在這個空間裡，你不否定對方，對方自然也不會否定你，進入「彼此全面肯定」的狀態。

自我否定隨著全面肯定的體驗而逐漸淡去，變得越來越肯定自我。

修復心靈的關鍵在於肯定對方的同時，自己也要處於沒有否定的空間才行。

100%
受歡迎的
溝通訣竅
02

置身於「沒有否定的空間」，促進肯定自我。

注意不要否定對方的發言

否定自我
你聲音太小了！
說什麼都聽不到！
心靈受傷
營造沒有否定的空間
真開心。
彼此互相
全面肯定
對啊。
促進肯定自我！

03

一般人也能做到的三大說話訣竅

身處不會被否定的環境，任誰都會開口

我所成立的社團有三大規定。

首先第一個規定是**禁止否定**。

我在社團裡看過許多奇蹟：

「對人恐懼的患者敢站在人前講話。」

「本來不擅表達的人成為每次講座場場爆滿的人氣講師。」

「成為年薪超過一千二百萬日幣的教練。」

有些人甚至獲得出版合約。

我目睹他們的改變，**同時發現大多數人不是不擅講話，而是不擅長把心態調整到可以開口的狀態**。

因此我想在本節告訴大家一般人也能輕易開口的三大訣竅：

【訣竅一】禁止否定

以負面消極的字眼談論遠景，現實生活也會逐漸變得前途無望。因此我所經營的社團規定，出現否定的發言就必須離場。

相信大家開會時經常可見同事發言時，全場散發出「就算這麼說也沒辦法執行」和「你說錯了吧」的氣氛。當會議整體充斥這種氣氛，難以發揮所長，影響表現，大家自然陷入沉默。

人總是習慣以能否執行來分類他人提出的建議，卻也因此消磨了每個人自由發言的意願。

社會不是學校，不應以對錯批判他人。**重要的是營造大家得以自由發

表意見或感想的環境。腦力激盪時，要先有數量，才能講究品質。關鍵是藉由提出大量的點子，提升每個人的表現。

我要再次提醒大家，關鍵是盡量發言。因此事前制定出肯定所有正面發言的規定。

拋下因為學校教育而深植人心的「一定要交出正確答案」的偏見，自由地提出各種意見，氣氛自然轉為正面積極，在人前發言也不再緊張。

【訣竅二】微笑點頭

第二點是回應時一定要點頭。

點頭不過是脖子上下動作。養成這個好習慣，對人際關係必有裨益。點頭是打開心房，促進心情放鬆的最佳方法。

我所經營的公司每天都會開朝會。

朝會的目的一方面是促進大家進入工作模式，最重要的還是「**改變大**

家用字遣詞的習慣」、「**解放每個人的內心**」和「**培育帶給大家勇氣的好人**」。

大家在人前講話時都會緊張。然而聽眾當中有人點頭聆聽，自然湧現繼續說下去的勇氣。知道無論說什麼都有人肯定，心情自然放鬆，心情放鬆了，原本緊閉的嘴巴也就打開了。

這種情況也就是進入自我肯定的狀態。比起嚴陣以待，身心放鬆時表現更好。因此我要求公司員工和社團成員都要養成點頭的習慣。

【訣竅三】用字遣詞正面積極

積極正面的言詞能振奮人心，否定消極的話語則會消磨發言者與聽眾的精神。無論大家平常用字遣詞如何，我要求所有成員在參與社團活動時一定要選用樂觀積極的言詞。

讚美、分享感動的故事或是嘗試改善現況都是積極正面的發言，開朗樂觀的言詞帶來開朗樂觀的氣氛。

修復心理陰影，自然開得了口

前文也提到我們總是身處於充斥負面字眼的環境，因此自然而然把否定的氣氛視為理所當然。最好的做法是盡量遠離這種環境，使用前文介紹的三大訣竅。

如此一來便能養成發言正面積極的習慣，逐漸找回原本的自己。進入全面肯定的環境，原本受到的心靈創傷於是在不知不覺中痊癒。

100%
受歡迎的
溝通訣竅
03

學會不否定、微笑和用字遣詞正面積極，便能大幅改善溝通方式。

04

溝通高手才知道的三大原則

優秀卻因為說話方式而吃虧的人

這世上有些人雖然口出名言卻不受歡迎；有些人言詞平庸，卻廣結善緣，人生一帆風順。建立人際關係的關鍵是人品、觀點與看法。然而無論多麼優秀，都需要透過正確的溝通方式才能展現魅力，吸引眾人。學會良好的溝通方式，人生瞬間由黑白化為彩色。

本書開頭提及的優點絕非誇飾。既然如此，究竟該怎麼說話才會受人歡迎呢？具體說明做法之前，先介紹所有溝通的基礎大原則。

常被忽略卻很重要的溝通差異

所謂「得溝通者得人際關係」。再說白一點，**克服不擅說話的缺點，生活便能更加愉快滿足**。

「為什麼那個人身邊總是圍繞很多人？」

你或許以為對方之所以讓你很羨慕，是因為他比你努力一百倍，其實並非如此。

我最喜歡的一句話是「積沙成塔」。

對方只是比現在的你「稍微」擅長溝通，了解溝通的關鍵罷了。

所謂的關鍵究竟是什麼呢？那就是「**人類這種生物最重視也最有興趣的對象是自己**」。

請大家回想一下，拿到團體照時第一眼是看哪裡呢？

相信大家看的都是自己的臉。大多數人收到團體照都是確認自己拍得如何，而不是其他人。

換句話說，**促使對方最有興趣的「自己」成為話題主角，對方自然興致勃勃，喜歡上把自己當作主角的人。**

第二點是「**凡是人都渴望獲得認同與理解**」。

第三點則是「**凡是人都喜歡了解自己的人**」。

100%
受歡迎的
溝通訣竅

04

凡是人都喜歡關心自己的對象。

掌握三大原則，良好溝通手到擒來

①凡是人都最在意自己！

②凡是人都渴望被理解

③凡是人都喜歡了解自己的對象

⬇

瞬間成為溝通高手。

05

九成溝通靠聆聽

關鍵是怎麼聽，而不是怎麼說

前文提及的人類心理三大原則，你現在可能覺得彷彿霧裡看花，懵懵懂懂。

然而繼續讀下去便能深切體會三大心理原則的含意，無須過度擔心。

首先請大家根據這三大心理原則，打從根本修正對於溝通的認知：

「溝通最重要的是聆聽」。

「等一下！我是想學怎麼說，不是要學怎麼聽！」

本書要介紹的的確是「怎麼說話」。但是為什麼我會說最重要的是如何聆聽呢？

如同上一節所示，凡是人都希望有人關心，獲得認同。促使對方感覺受到重視最有效的方法便是「聆聽」。

下一節具體介紹一些案例，說明聆聽的重要。

06

改善溝通方式，進而改變人生的故事

你是不是自顧自地說個不停呢？

數年前，我在演講結束之後的餐敘遇上一名男性。他一手拿著飲料來找我，一開口便滔滔不絕、口若懸河，說了約莫十五分鐘。內容提到他是保險員，也是我的大粉絲，我的書籍和演講為他帶來極大的勇氣，他深深感到獲得救贖。

演講是我的謀生之道之一，粉絲之於我是貴重的資產。我很高興他特意來搭話，態度又是如此熱情。當他滔滔不絕時，我真的是由衷感激。

然而他講著講著，我開始在意起一件事情。

他先自我介紹一番，接下來談起自己的工作：例如他身為保險員非常認真學習，努力不倦，嘗試各種推銷辦法……

他說起話來實在滔滔不絕，我一直無法插話，只能默默聆聽。

直到他稍微停了一下，我才終於有機會開口：「你工作還順利嗎？業績好嗎？」

結果他沉默了一會兒，又馬上聊起工作，卻沒有正面回答我的問題。

談完自己，他又說起保險的種類和挑選保險的方法，話題越來越專業。就連我都開始受不了，插嘴打斷他：「我可以問個問題嗎？」他卻對我說「等一下，請讓我講到一個段落」，又娓娓而談了起來。

聽著聽著我開始覺得「他恐怕對誰都是這樣說話」。

大概過了數十分鐘，他終於露出滿足的表情對我說：「謝謝您今天讓我聽到一場好演講！最後請您給我一點意見。」

難得他讀了我的書，還來參加演講跟餐敘，於是我也老實告訴這名粉絲：「把時間留給客戶，仔細聆聽他們希望你做什麼，至於你想說的話只說兩成。像你這樣充滿幹勁跟熱情的業務，要是做得到這件事，業績一定能翻倍。」

堅持當個好聽眾，營業額增加五倍

半年後，我到當初那個會場隔壁的市演講。

正當我想著「那名保險員今天不知道會不會來？要是他來了，真想問問他之後的經過」，就看到他又坐在第一排聽我演講，而且還參加了演講之後的餐敘。

令我大吃一驚的是他的外表和氣質都改變了。初次見面時，他全身上下散發強硬高壓的氣氛，現在卻面帶微笑，容易親近。

當我聽了他之後的經歷更是驚訝：半年之間，他的業績便成長了五倍。然而他所嘗試的改變不過是依照我的建議，用心聆聽客戶發言。

他很感慨地對我說：「永松先生，聽了您的建議之後，我隔天便馬上改變做法，開始聆聽客戶發言，專注於他們究竟為何煩惱，我又該如何協助他們。」

「你真厲害，聽了馬上就著手。」

「其實上次見面時，我的業績沒有什麼起色，正在考慮是否要轉換跑道。然而執行您的建議之後，業績扶搖直上。我這才明白自己原本的推銷方式實在錯得離譜。現在工作無往不利，之前還獲得公司表揚，都是託您的福，謝謝您。」

說完之後，他立刻離席。

餐敘期間我遠遠觀察他，發現他一直面帶微笑，點頭聆聽他人發言。

一切始於傾聽。他只是因為沒做到傾聽而原地踏步，又單憑做到傾聽而大幅成長。

我在他身上再度體會到聆聽的重要性。

100%
受歡迎的
溝通訣竅
05

該鍛鍊的不是說話，而是聆聽的能力。

07

運用聆聽的力量，走出人生低潮

自以為擅長溝通而總是白費功夫

大家現在看我向眾人傳授溝通方法，其實我以前就跟前一節提到的保險員一樣，說起話來像連珠炮，陷入困境卻毫無自覺。

過去的我以為自己擅長溝通，其實根本不是這麼一回事。這個缺點自然也影響了人際關係。

我在壓根兒看不見未來的情況下，魯莽地在二十六歲時開始做生意。剛開始我所經營的章魚燒攤子只有三坪大。好不容易突破創業初始的艱辛，兩年之後終於成長為規模較大的餐飲店。

話說起來很好聽，實際上卻是每天親自管理第一線的二十名員工，艱苦奮戰。

我滿腦子都是「該怎麼做才能賺到錢？」想提升員工能力，卻淨做些表面工夫，例如要求大家貫徹報告、聯絡、商量或是注意用字遣詞等等。

結果我跟員工之間溝通陷入僵局，團隊表現也不斷走下坡。

我感覺自己和員工無法心意相通，滿腔熱血卻徒勞無功。

現在回想起來，問題都是出在我的溝通方式。

我滿心認為錯都出在大家身上，員工都不願意了解我在說什麼。

隨著身邊的人一個接一個離開，我深感必須打從根本改變和他人相處的方式。正確來說是非改不可。

以自我為中心的說話方式

現在回想起來，當時的我與其說是說不出真心話，不如說是只顧著自己發言。

話題永遠在自己身上，和其他人說話時也是滿腦子想著「到底什麼時候才會說完？什麼時候才會輪到我？」

找我辯論最高興，最好是徹底駁倒對方。

就算自己的意見在討論時即將遭到否定，仍舊依靠蠻力強行通過。

要是遇上合不來的人，就抓住願意聽自己說話的人抱怨個不停……

這種態度真是糟透了。現在要是身邊出現這種人，我一定馬上逃走（笑）。當時我卻深信自己這種態度才是正確的。

過去的我可說是典型的自我主義者。

成為一個好聽眾之後，業績急速上升

當時我的荷包裡沒多少錢，也沒空去外面上課，於是先從改變溝通方式開始。

我下定決心先從聆聽開始做起，注意對方的反應與心情，回應時注意用字遣詞。

當然我並不是馬上就完美實踐了這套做法，而是反覆嘗試之後，一點一滴改變傾聽與說話的方式。

聆聽對方的發言，以笑容表達贊成……

結果成效立竿見影。

不到幾個月，公司內部意見交流日益頻繁，業績蒸蒸日上。

店裡的員工理解命令的速度越來越快，開始自行思考與著手行動。

最令我開心的是出現團隊合作的精神。

以前大家想的都是「我要行動」，現在公司裡卻充斥「我們一起行動」的氣氛。

除此之外，也獲得有力的長輩協助，介紹貴重的人脈；乍看之下不利的談判最後也順利完成，變得越來越幸運，遇上越來越多好事。

我很幸運，遇上各種前輩。**多虧他們屢屢教導我「第一步是先了解對方開始，所以要仔細聆聽對方說什麼」，我才能有今天的成就。**

100%
受歡迎的
溝通訣竅
06

徹底當個好聽眾，便能改變人生。

08

聆聽高手的三大表情

賈伯斯的泡妹招數

前文說明了聆聽也是話術的一部分，優秀的話術從聆聽開始。為了滿足對方「凡是人最有興趣的對象都是自己」的需求，最重要的是透澈了解對方。

因此**溝通的第一步是關心對方，了解對方是什麼樣的人，又對什麼事有興趣？**

蘋果公司的創始人史蒂夫．賈伯斯（Steven Jobs）現在已經是眾人口中的傳奇人物，他曾經表示：「你要是覺得想要打動美女的心是當其他男人送十朵花時，你就加碼送上十五朵，那麼你就輸了。其他男人想怎麼做跟你是否追得到美女毫無關係，重點是看清美女究竟想要什麼。」

這句話解釋了人際關係的真理。

賈伯斯想表達的是仔細觀察對方，認真發掘對方究竟在追求什麼。如此一來，必定能順利建立彼此的關係。

他對於人類的需求一直抱持無窮無盡的好奇心，所以才能建立起今日興盛的蘋果王國。

受歡迎的人都在做的三大反應

話題似乎扯遠了一點，讓我們回到一般日常生活的情況。

凡是人都希望能獲得了解與傾聽，因此自然而然會珍惜聆聽自己發言的人。

當周遭的人發言時，你是否投注關心呢？

比起關注對方，是否更常自顧自說個不停呢？

說起話來口若懸河、滔滔不絕，自然是件好事。然而這種技能交給相聲大師和搞笑藝人等專家即可。

我們一般人應該做到的是，表達自己有多麼關注對方。然而究竟該怎麼做才能讓正在說話的人，感覺到我們十分關注對方呢？

那就是有效運用三大表情——**臉部表情、聲音表情與身體表情**。具體來說就是「**微笑傾聽，回應富含感情並且加上肢體語言**」。

我要再次提醒大家，凡是人都希望有人了解自己。擅長溝通的人不是透過言詞，而是先以傾聽打開對方的心房。

聆聽時特意實踐「微笑傾聽，回應富含感情並且加上肢體語言」，效果更是事半功倍。

擅長溝通的人徹底活用三大表情——臉部表情、聲音表情與身體表情，藉由貫徹善於聆聽，獲得更豐碩的成果。

100%
受歡迎的
溝通訣竅
07

用臉部表情、聲音表情和身體表情，表示對對方的關心。

擅長溝通的人都是聆聽高手

比起自己開口，
先聆聽對方發言。
有人聽我講話
真開心！
擅長聆聽
打開心房
打開心房

聆聽分為三大動作

② 聲音表情
① 臉部表情
真開心！
③ 身體表情
大家好！

09

九成的話留給對方說的「擴充話術」

什麼是「擴充話術」？

本節第一步是複習溝通的關鍵。人追求的三件事分別是：

一、凡是人最重視也最有興趣的對象就是自己。

二、凡是人都渴望獲得認同與理解。

三、凡是人都喜歡了解自己的人。

如同前文所述，溝通高手在溝通時會時時注意這三點。

大家了解這三項前提之後，再進一步學習溝通高手運用自如的話術——擴充話術。

一般人難以像相聲大師一樣單靠說話吸引人，然而使用擴充話術便能引導對方自行延伸話題。

單純聆聽對方發言並促使對方繼續說下去，自然能獲得對方好感，進而引發想再見一面的心情。

以下簡單說明擴充話術的執行流程。

擴充話術的執行順序是，**感嘆↓重複↓共鳴↓稱讚↓提問**。

① 感嘆——表現聆聽對方發言時感動的心情

（發言）「我遇上了這種事情。」↓（反應）「啊——♪」

「哦——！」「咦——？」「唉——呀！」「哇——♡」「這樣子啊——（笑臉）」

溝通高手會配合對方發言的內容，分別使用這些感嘆詞。

感嘆時有兩個關鍵，首先是感嘆詞後方要加上「！」「？」「♡」等情緒。這種口氣很難用文字說明，簡單來說就像傳訊息時在句尾加上表情貼一樣。

如果不擅長溝通，建議投入的情感程度是平常乘以十倍。**第二個關鍵是拉長感嘆詞，也就是例句中的「——」**。

講話時拉長語調自然會投入情感。

試著說說「這樣子啊？」和「這樣——子啊？」相信應該能感受到拉長的部分帶有情感。帶有情感才能傳進對方的耳中。

感嘆詞具備強大的力量。對方聽到感嘆詞，自然會滔滔不絕起來。

2 重複——複述對方說的話

「我到了冬天都在溜滑雪板。」→「哦——♪溜滑雪板嗎？」

「我最近跟男朋友出了點問題。」→「這樣子啊……妳跟男朋友之間出了點問題啊！」

「我最近開始慢跑了。」↓「哇！慢跑嗎？不錯吔！」↓「大家都會去皇居那一帶慢跑，我也想試試。」↓「去皇居慢跑嗎？不錯吔！我也想試試♪」

「我最喜歡吃咖哩了」↓「你喜歡咖哩啊！咖哩很好吃呢♪」↓「我收集了很多香料，自己動手做咖哩喔！」↓「很多香料嗎？聽起來就很好吃♪」

複述對方的發言，有利於營造容易繼續說下去的氣氛。對方聽到複述，自然會接口：「嗯，是啊，其實呢……」

③ 共鳴——以熱情回應表示理解對方的發言

「我懂我懂」、「真是辛苦了」、「真是太好了」、「你一定很難過」、「你付出很多了」等等都是表達同理心很好的說法。一邊用力點頭，一邊做出「與對方相同的表情」，時而強勁有力時而沉著冷靜地表示同意。

4 稱讚——認同對方

例如「好厲害♡」、「好棒！」、「真不愧是高手♪」等等。說明感嘆詞時也提過，說這些話時要加入感情，誇大的程度是引號內的表情符號乘以十倍左右。

5 提問——對方發言後提問以擴充話題

問句包括「然後呢？然後呢？」、「後來怎麼了？」、「再多說一點嘛！」、「你還好嗎？不會很難過嗎？」等等。

提問的時機恰到好處，對方自然越說越起勁，進而在不知不覺中擴充話題。

100%
受歡迎的
溝通訣竅
08

重點是促使對方多發言，而非自己開口。

使用擴充話術的最大目的在於促使對方多多發言。雖然主要發言的是對方，我們是聽眾，主導權卻必須掌握在我們手上。

凡是人基本上都渴望他人了解自己。活用擴充話術便能促使對方在心情愉悅的情況下主動大量發言。

「和這個人聊天時很開心，聊了很多」的印象進一步帶動「想再見一面」的心情。

擅長聊天的人都在用「擴充話術」

①感嘆

我之前遇到這種事。
哦——♪原來你遇到這種事啊 ^_^

②重複

我喜歡咖哩。
喔！咖哩很讚吔！

③共鳴

這次真的很難。
真是辛苦你了。
（以和對方相同的表情點頭表示同理心）

④稱讚

我確定之後要出書了。
你太厲害了!!!!!!!!不愧是高手♪♪♪♪♪♪♪♪♪♪

⑤提問

我這麼做之後，結果變成這個樣子。
然後呢？後來怎麼了？

10

準備關鍵詞詞庫，自由活用擴充話術

學會這招就能完美運用擴充話術

前一節說明了擴充話術的實踐方式。相信大家讀到這裡應該都已經明白所謂的溝通也包括如何傾聽。

然而促使對方多多發言的反應會隨發言內容而異。建議大家事前把促進對方發言的關鍵詞整理列表，根據場合分門別類。

以下介紹部分我個人彙整的關鍵詞：

「對啊對啊，我懂我懂。」

「真是辛苦你了。」
「原來是這樣啊——你真是花費了一番苦心。」
「太好了——我也為你高興！」
「喔！真是太厲害了！」
「我就知道是這麼一回事—」
「不愧是高手！」
「嗯嗯，原來如此，原來如此——」
「哦——後來怎麼了呢？」
「哇！越來越有趣了。」
「聽你一席話，勝讀十年書。」
「謝謝你，我真的很高興。」
「別擔心，一切都會順利的。」
「因為我站在你這邊。」

「我們一起來想辦法吧！」
「多虧有你幫忙。」
「你真是幫我一個大忙。」
「之後也請多多指教。」

我相信應該還有很多派得上用場的關鍵詞。事前準備關鍵詞，特意運用和臨時蒙混的結果必定截然不同。

把這些關鍵詞運用在問句中，促進對方主動聊起想說的事，就能成為對方不可或缺的人際關係。

100%
受歡迎的
溝通訣竅
09

事前蒐集促使對方開口的關鍵詞。

11

活用廁所、天花板與智慧型手機，掌握擴充話術

運用潛意識，輕鬆記憶關鍵詞

知道了擴充話術，又該如何記憶關鍵詞呢？其實這也是有訣竅的。

人類的心靈基本上分為有意識與潛意識。譬如說為了應付明天的小考，背書背了整晚沒睡。這種記憶方式是利用意識的力量。

利用意識的力量來記憶，小考期間固然記得。可是一考完試，這些記憶便煙消雲散了。

所以我建議大家要運用潛意識的力量，也就是養成習慣。

這是因為變成習慣之後，自然烙印在心中，很難忘記。

養成習慣的兩大地點

但是該如何把開口說出關鍵詞培養成習慣呢？

我建議在潛意識容易發揮作用，也就是經常發呆的地方張貼關鍵詞。

第一個推薦地點是**廁所**。相信不用我多說，很多人都知道廁所學習法的威力。

畢竟每個人一天都會上好幾次廁所，關鍵詞貼在廁所一定會映入眼簾。不需要刻意記憶，只要把關鍵詞貼在廁所裡就好。

第二個地點是**天花板，也就是睡前跟醒來時第一眼會看到的地方**。

天花板跟廁所一樣，凡是人每天必定會在睡前跟醒來的瞬間看上兩眼。把關鍵詞貼在總會自動進入視線的位置，潛意識的力量會幫助我們自然記憶，讓關鍵詞成為口頭禪。

手機天天看，養成好習慣

現代社會還有一項更便利的工具。這項工具旁人不會看，只有當事人才會經常過目，連睡前與醒來時也會看一看。

相信大家已經猜到，這項工具就是智慧型手機（以下簡稱「手機」）。因此第三個推薦地點便是**手機的鎖定畫面**。

幾乎所有人都會每天滑手機，一天至少滑一次以上。看上一星期到十天，大致上便能記住關鍵詞了。記起來之後再換回原本的鎖定畫面即可。

如果擔心讓人看到不好意思，可以設定只有三天用關鍵詞當鎖定畫面。這三天反覆觀看也記得起來。

我希望大家好好想一想，既然只要做到這件事情，今後說話方式與溝通能力便能扶搖直上，為何不試試呢？而且這個方法不需要花費一毛錢，做了絕不會吃虧。

相較於不擅長溝通的人，做個討喜的人，這輩子所能獲得的機會與好處將有天壤之別。我當然不會勉強大家。但是如果稍微有點意願想試試，建議大家立刻著手。

100%
受歡迎的
溝通訣竅
10

活用潛意識，掌握擴充話術。

促進關鍵詞成為口頭禪的方法

①把關鍵詞貼在廁所

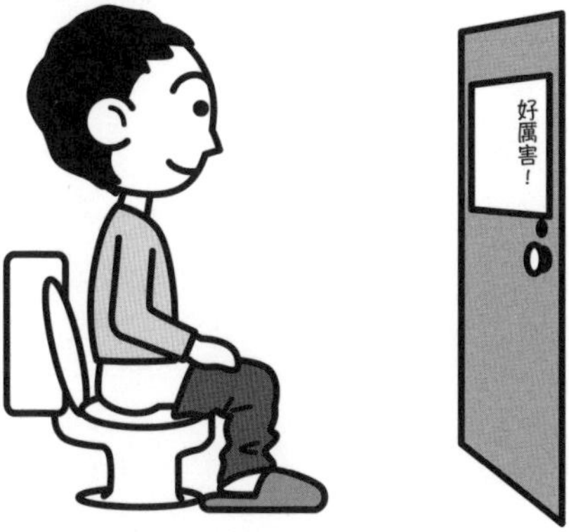

②把關鍵詞貼在天花板

③把關鍵詞做成手機的鎖定畫面

第2章

讓人「想再見你一面」的說話方式

12

越想表達得好，越開不了口

最重要的是心意與心態

關於溝通表達，我有件事情想告訴大家：一般的對話不需要高超的說話技巧。許多人以為滔滔不絕、流暢無礙才算會說話，**其實最重要的是心意與心態**。

想表達的主旨和面對對方的心態——說話時一定會顯露這些內心的想法與態度。確定想傳達的內容與心態，挑選合適的言詞——這才是說話是否打動人心的關鍵。

孔子說：「巧言令色鮮矣仁，剛毅木訥近於仁。」（很會說話、裝腔作勢的人不是仁者，反而是說話木訥、表情嚴肅的人才是真正的仁者。）往往打動人心的正是這種說話結結巴巴、詞不達意卻滿懷真心誠意的人。

因此就算口齒清晰、流利暢達，只要是缺乏真心真意的空洞話語無法說服他人。

另一方面，滿懷熱誠的人，就算說話時有些沉滯停頓，依舊能感動人心。相信大家也是如此。

不要「用力」

說起話來結結巴巴的人，不需要執著於說話技巧。

過度焦急往往會破壞內在美，實在非常可惜。

坦白面對自己不擅言詞的事實。

說話結結巴巴也無須焦急。
斟酌用字遣詞，慢慢說話就好。

抱持這種心態開口，對方一定能了解你想表達的意思。言詞是溝通的工具，最重要的是透過用字遣詞表達心意。因此就算木訥遲鈍、沉默寡言，慢慢說、用心說，讓聽眾感覺到真心的人才算是真正會說話的人。

100%受歡迎的溝通訣竅

11

斟酌用字遣詞，以適合自己的速度說話。

13

不用主動和合不來的人聊天

沉默不是壞事

和其他人一起搭電梯時，一片沉默很尷尬——當我聽到有人來諮詢這種煩惱時，非常驚訝。

無話可說便無須開口——我覺得不需要勉強自己隨時隨地都能聊天。

儘管知道這個道理卻做不到，或許是因為「不可以陷入沉默」的偏見已經深植你心。

倘若是和好朋友一起搭電梯，稍微陷入沉默也不會覺得很尷尬。

分析「不喜歡電梯裡悄然無聲」的理由，其實是源自「就算是面對討厭的對象也必須打交道」的偏見。

然而我們並不清楚對方是何方神聖。每個人個性迥異，有些人的個性與頻率和我們或許不對盤。這種時候勉強自己搭話只是自討苦吃。

不可以陷入沉默是一種詛咒，趕快擺脫這個沒有意義的偏見吧！與其勉強自己在電梯裡特意搭話，不如思考出電梯之後該做什麼。

如果實在做不到完全不開口，笑咪咪地打聲招呼，之後繼續默默微笑也是一種辦法。笑容也是一種對話。

特意增加與好聊對象的相處時間

當我舉辦溝通講座時，非常驚訝竟然有這麼多人的學習目的是「與不擅應付的對象縮短距離」。然而溝通和運動的共通點是，就算突然模仿高手，並無法鍛鍊說話技術喔。

說到這裡，大家可能不太清楚我想說什麼。簡單來說，大家不需要勉強自己去接近不擅應付的對象。

更誇張的說法是現在不需要對不擅應付的對象開口。盡量無視——這件事情其實不如你想像的那麼過分。

首先只和自己容易開口的對象聊天，鍛鍊對話能力。這時候最簡單的做法便是增加和自己容易開口的對象相處的時間。

玩遊戲或是電影劇情也是如此，主角不會一開始就去挑戰大魔王。第一步是和自己容易開口的對象、能輕鬆提問的對象、肯定自己發言的對象聊天，從累積微小的成功經驗開始著手。

100%
受歡迎的
溝通訣竅
12

只和自己容易開口的對象聊天，鍛鍊對話能力。

14

讚美也需要訣竅

分清楚不能稱讚的對象

凡是人都需要讚美，相信不少人都感覺到讚美的重要。溝通教室等傳授口語表達的課程幾乎都會強調「總之要稱讚對方」。由此可知，讚美是溝通的一大主題。

讚美的確是對話時重要的元素。然而每個人也具備感受對方發言背後真心的天線。

平常吝於讚美的人去了一趟溝通教室，回來逢人就說：「喔！你今天笑容也好美！」結果只是引來對方懷疑：「為什麼突然誇獎我？是在打什麼主意嗎？」

讚美是很重要，沒來由的讚美卻不見得有好效果。

最重要的是觀察對方重視什麼，又是什麼事情受到稱讚會感到高興？

關鍵是細心觀察與由衷讚美。

關鍵時刻最能發揮效果的「果然」

本節要和大家分享讚美經常相處的對象時使用的魔法關鍵詞和用法，希望大家一定要把這個關鍵詞練成口頭禪。

這個魔法關鍵詞就是「**果然**」。

「果然如此，我就知道你會做。」

「果然很好吃。」

「果然」一詞充滿了力量。

即使不說果然，光是聽到平常相處的對象稱讚自己就已經很高興了。加上果然一詞會令人聯想到「難道他原本就這麼想嗎？」更是喜悅。果然一詞隱含的另一個意思是「我平常就是如此認為了」。

「低聲呢喃」的威力

下一步則是稱讚方式。

聽到當面稱讚自然很高興，不過許多人不擅長應對當面稱讚。有人稱讚要先推辭——這種文化不知不覺滲透到我們的骨子裡。既然如此，該如何誇獎才能讓對方自然而然地接受呢？

我的建議是「**低聲自言自語**」。

以前我經營的餐廳每年都會舉辦數次大規模的活動。某一年活動結束之後聚餐時，有小偷抽走與會者錢包裡的現金。

儘管我們可以主張個人必須負起管理自己錢包的責任，聚餐結束後我和規劃活動的員工等人都還是配合警方要求，前往警局做筆錄。

恰巧店裡有監視錄影機，得以鎖定犯人。做完筆錄回到餐廳已經超過十二點，我們一行人都精疲力竭。

「為什麼會這樣呢？我們重新思考明年還要不要辦這個活動吧！」

這時候剛好店裡最年輕的女店員默默地端茶給大家，低聲呢喃了一句：**「大家明明沒必要做到這種地步。果然還是我們店裡這些哥哥最棒了……」**

她自言自語完之後又退回廚房關上門。

聽到這句話，我們所有人都抬起頭，四目相對，一時之間沉默不語。

之後不知道是誰先開口：「那傢伙……也是會說好聽話嘛！」

「是啊，聽了突然打起精神來。」

「明年繼續加油吧！」

「對啊，做好防範措施就好。」

男人就是單純，女性的一句「果然」就能振作在場所有人的精神。

其他用法還包括：

「果然還是待在你（伴侶或戀人）身邊最安心。」

「你果然很厲害。」

光是想像對方不是直接面對面，而是低著頭淡淡呢喃一句「果然」，就覺得一陣喜悅湧上心頭吧！

建議大家務必在正確的時機嘗試這招看看。

不過這個小訣竅的威力超乎想像，可不要濫用喔！（笑）

100%
受歡迎的
溝通訣竅
13

關鍵時刻的必殺技是「果然」和「自言自語」。

對方聽了會更開心的稱讚方式

你今天穿搭
好有品味。
平常都不開口
讚美的人，為什麼
突然稱讚我？
沒來由的稱讚，
效果薄弱

①加上「果然」

你果然
很厲害。

告知對方
平常就做如是想。

②低聲自言自語

他果然
很厲害。

用在習慣客氣推辭
的人身上，效果卓越。

15

先說對方想聽的話，再說正確的話

你進我退的溝通技巧

越想把話說好，反而越會帶給對方不需要再見面了的印象。這實在非常諷刺。人際關係的基本力學是你進我退。

想把話說好的態度越是明顯，往往會遭到對方誤解為「想討我歡心以便拿到好處」，因而疏遠。

抱持著希望提供幫助的心，對方自然能感受到好意，願意傾聽。時刻想著「**說對方需要的話，而非自己想說的話**」。

對方想聽的話比正確答案更重要

社會乍看之下是依照規則或道理運作，其實都是根據情感行動。做生意也好，交朋友也罷，就連社群也都是由好惡決定一切。

小時候家長或是學校老師教導我們「不可以憑好惡判斷一個人」。然而實際情況是連父母或教師也是依循好惡行動。由此可知，**就連日常生活中平凡無奇的對話也必須說對方想聽的話，而非自己想說的話**。

說對方想聽的話，而非講大道理。這正是讓人想再見你一面的關鍵。

提供有利的資訊，而非推銷自己

做生意也是一樣的道理。假設你是業務員，客戶對你沒有好感。就算你推銷的產品和受歡迎的業務員一模一樣，客戶也不會下訂單。

最終影響決定的要素還是對方喜歡與否。單方面推銷商品，商品再好也賣不掉。然而抱持「我希望能幫助你」的心態開口，內容自然能因應對方的需求，受到對方歡迎。

例如用「之前你說過這件事很困擾你，我聽說有個辦法能……」等引起對方興趣的話題來破題，而非劈頭就推銷產品。

這種做法乍看之下繞遠路又沒效率，可是之後能夠抓住好機會的都是以對方為優先，說對方想聽的話的人。

發覺這點並且提供對方所需的話題，最後自然能獲得莫大的利益。

100%
受歡迎的
溝通訣竅

14

說對方想聽的、有益的話。

16

收下名片後不可以馬上收起來

確認頭銜之前先記住對方的名字

初次見面交換名片時，你先從名片的哪裡看起呢？你所注意的部分會影響之後對話的氣氛和第一印象。許多人習慣先留意對方的公司名稱和頭銜。但是，我希望大家**首先記住方的名字**，而不是公司名稱或是頭銜。

初次見面以名字作為開場白，容易炒熱對話氣氛。名字伴隨每個人成長，飽含雙親的期待。倘若是為了工作而另取的名字，則是當事人百般思考下的結晶，一樣充斥對方的想法。

名片是瞬間共享這些重要資訊的卓越工具。

複誦對方的名字，輸入腦中

第一步是**初次見面交換名片之後，不要馬上收起來**。

就算收起來也是記住對方的名字與如何寫之後，以名字作為聊天的開場白。溝通高手的另一個訣竅是初次見面，**詢問姓名之後，馬上以名字稱呼對方**。

例如：「您好，初次見面，敝姓田中，是××公司的員工。」

「您好，我叫○○○。田中先生，我經常使用貴公司的產品。」

除了公務之外，這個做法也能套用在日常生活。

「你好，我叫野村千惠子。」

「你好，我叫○○○。你的朋友平常都怎麼稱呼妳呢？」

「大家通常叫我『小千』。」

「我想跟妳交個朋友，可以跟妳的朋友一樣叫妳『小千』嗎？」

這種對話方式是直截了當宣布要和對方成為好朋友，或是想成為團體中的一分子。

覺得「初次見面就直呼名字，討對方歡心未免也太厚臉皮……」的人不妨從姓氏開始叫起，例如「野村先生」。

換句話說，交換名片後共有兩項重點：

1. 知道名字之後就馬上以名字稱呼對方
2. 盡量以對方的名字作為開場白

記得住他人名字的人才最受歡迎

溝通高手會在說話時屢次提到對方的名字，營造恰到好處的距離。

我要再次提醒大家：凡是人最重視的就是自己。

因此當重要的名字屢屢受人呼喚時，便會覺得自己獲得接納，湧上一股安心與親切的感覺。

「以名字作為開場白」、「經常呼喚對方的名字」都是為了聚焦於對方的名字上，而聚焦於名字上等同於聚焦於對方本身。

只要聚焦於對方的名字，以名字作為話題，無須刻意開玩笑或是觸及深入的話題，便能立刻縮短與對方的距離。

初次見面留下好印象之後，第二次見面馬上呼喚對方的名字，對方自然更喜歡你了。

100%受歡迎的溝通訣竅

15

記住對方名字之後馬上開始叫名字。

交換名片時最先注意的是名字而非頭銜

不經意地叫上數次對方的名字

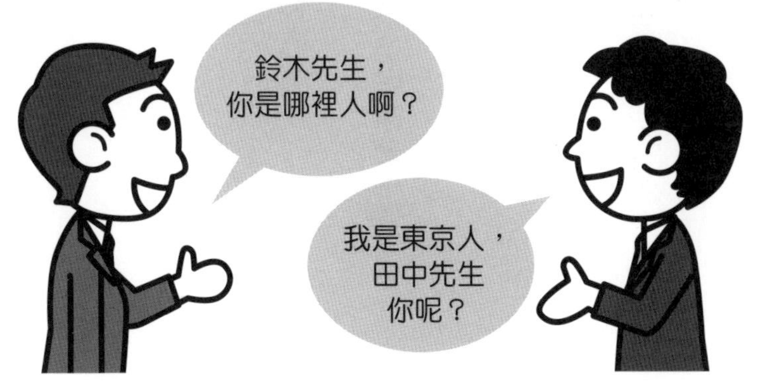

記得住名字的人受人喜愛。

17

越常說「你」，越受歡迎

為什麼多說「你」便能增加喜歡自己的人？

有一個字在聊天時能加深彼此的關係，**那個字就是「你」**。

對話中提到「你」的次數越頻繁，越是受人歡迎。

這是為什麼呢？答案很簡單，因為每個人最喜歡的都是自己。所以自然也會喜歡聊天時把自己當作主角的人。

說「你」是把對方當作話題的主角

例如正面的說法也分為以自己和對方為出發點，「快樂」和「幸福」等詞彙是屬於個人感受。

有些人聽到正面說法，可能會認為「只要你開心，我什麼話都說得出口」。

然而以對方為主角的說法卻能讓對方感覺幸福。

「我見到你，心就安了。」

「謝謝你，你的處理方式總是讓人如沐春風，我最喜歡你這種地方了。」

「大家都說想成為像你這樣的人。」

這些說法乍看之下出發點是「我」，話題的主角卻是對方。相信大家都喜歡這種以對方為主的說話方式。

大家不妨注意自己平常說話時，是「你」還是「我」出現的次數比較多。相信大家也會發現，受人歡迎的人說話時常常提到「你」。

100%受歡迎的溝通訣竅

16

多說「你」，讓對方成為話題的主角。

常說「你」的人，生活一帆風順

你是我的
目標！
你好厲害！
你真棒！
有你在
就不用擔心！

常說「你」的人，成為萬人迷

為什麼？

↓

因為成為話題主角很高興

↓

所有人最喜歡的都是自己

18

吸引對方參與的說話方式——自己開心投入勝過積極說服對方

看到對方很投入，自然就想參加

在公司或是社團中邀請眾人參與時要是表現得太熱情，大家反而意興闌珊，落得小貓兩三隻的情況。

推銷的話術也是相同道理。就算語氣充滿熱情，勉強對方配合自己，只會招來厭惡。

有些人或許會認為儘管如此還是得想辦法說服周遭，才能找到人來幫忙，其實有個比說服眾人更簡單的方法。

我曾經看過一段影片，內容是一名男子在人潮洶湧的廣場上突然隨著樂聲，跳起舞來。

有些人盯著他看得目瞪口呆；也有許多人假裝沒看到，快步離開廣場。然而過了一會兒，卻出現其他人跟著跳了起來。跳舞的人陸陸續續增加，最後整個廣場變成露天舞廳，熱鬧非凡。

就算一開始只有一個人樂在其中，當其他人看到這個人很開心，自然會隨之模仿參與。人數不斷增加，最終成為龐大的風潮。**這則影片明顯呈現「看到別人樂在其中便想一同參與」的人類心理**。

光憑口頭說服就像逼迫對方一起跳舞。與其強迫對方加入，不如創造他人看到我們沉醉於舞蹈中，也想加入的環境。

自願加入的人才是最強幫手

這種方式不僅無須耗費體力說服，自行加入的人本身也充滿熱忱。

相較於勉強參加，因為羨慕或受到吸引而自行參與的人，心態要來得積極主動得多了。

就算是需要眾人協助的事，第一步也是當事人要先樂在其中。

如此一來，必定會出現願意伸出援手的人。這些人正是自願參與的最強幫手。

100%
受歡迎的
溝通訣竅
17

自己先投入，才能真正驅動他人。

是否習慣強迫他人加入呢？

一頭熱只會引起他人厭惡

這個工作
能貢獻社會！
你們應該幫我忙！
不願意幫忙的
就是冷漠的傢伙！
想做就自己
去做……
總覺得
不想幫忙……

開心的人身邊自然會出現人群

這個專案
很有意思喔！
大家要不要
一起來呢？
好像很好玩，
我也想試試。
好像
很有趣。
我想幫
這個人的忙。

自己要先樂在其中！

19

從食物、故鄉與寵物找到與對方的共通點

自然展開對話的三大不敗話題

只要是人都有興趣嗜好，也想和他人分享。初次見面偶然發現彼此有共通點，氣氛瞬間高漲，拉近雙方的距離正是源自渴望分享的心理作用。倘若學會營造出偶然發現共通點的情況，和陌生人聊天時便無須擔心話題和尷尬的沉默。

一般而言，政治、宗教和家世是比較敏感的話題，最好避開。個人的主張想法與家世等相關話題容易引起爭執，導致彼此傷害。

既然如此，究竟有哪些話題容易炒熱氣氛又不會傷害到任何人呢？此

類話題一共有三種，分別是**食物、故鄉與寵物**。

食物的話題讓氣氛愉快又能一直聊下去

食慾是人類三大慾望之一，也是眾人共通的生活習慣。不同於性慾與睡眠的欲求，討論食物容易延伸話題，又能讓氣氛愉悅。

例如雞尾酒會上注意對方夾取的食物，以盤中的餐點作為開場白。

「（面對雞尾酒會上夾取許多烤牛肉的人）哦……烤牛肉看起來好好吃，您喜歡肉類料理嗎？」

「是啊！我很喜歡吃肉。」

「我也是，您有什麼推薦的烤肉店嗎？」

「有啊，我自從遇上那家烤肉店之後，就再也沒辦法去其他烤肉店了。」

「想必一定很好吃，方便告訴我是哪一家店嗎？」

「當然可以，那家店的名字是……」

每個人的喜好不太一樣，不過男性多半喜歡拉麵、咖哩和肉類料理，女性多半喜歡義大利麵或是甜點等等。

從食物又能延伸出喜歡哪一類的餐點，推薦哪些店家等等……無須多費心思便能一直聊下去。

從故鄉的話題挖掘出意外的共通點

下一個話題是故鄉。同鄉自然能熱烈討論起關於家鄉的話題。然而就算不是同鄉，也不需慌張改變話題。

詢問對方故鄉的名產是很好的開場白。如果曾經造訪當地，經驗也能引導對方聊起家鄉。另外，不是同鄉也有機會從故鄉的話題中找到共通點。例如以第二章第十六節介紹的名片為開場白，便能自然引導對方聊到故鄉。

「古賀這個姓在福岡很常見，您是福岡人嗎？」

「哇！您真是博學多聞。我的確是福岡縣柳川市人。」

「您是柳川人啊！我去過一次柳川。柳川有很多觀光景點跟美食呢！例如北原白秋出生之地、蒸籠鰻魚飯和柳川泛舟等等。」

「是啊！其實柳川觀光客很多，每到暑假等假期便人滿為患。」

「我去的時候沒什麼觀光客，泛舟時還滿悠哉的。我當初去是為了見朋友，他現在繼承了柳川的〇〇商店。」

「咦？〇〇先生嗎？我跟他是國中同學。」

「真的嗎？他最近好嗎？」
「之前同學會我們才剛見過面。」
「哇！這世界真是太小了，我們真是有緣分。」
「我也這麼覺得。」

人際關係有時會在出乎意料的地方串連起來。這種因為故鄉的話題而加深緣分，擴展人脈的例子也不少見。

用寵物話題拉近彼此距離

第三個話題是寵物。

聽說日本每三戶就有一戶人家飼養寵物。實際上根據保險公司的調查結果，發現飼養寵物的人約三成多。根據其他調查發現，加上沒有飼養寵物但喜歡動物或是打算養寵物的人，人數更是高達七成。

換句話說，寵物這個話題也是非常容易引起大家熱烈討論。

如果本身是狗主人，可以用「最近我家的狗啊……」來試水溫。如果對方也養寵物或是喜歡動物，自然能以寵物為話題談上一會兒，馬上拉近雙方的距離。

「上原小姐，您的名片上附了臉書，我之前看了您的臉書，發現您養的是貴賓狗？其實我家也是養貴賓狗！您家的小狗幾歲了呢？」

「我家的小狗三歲了，佐口小姐的狗狗幾歲呢？」

「我才剛開始養沒多久，所以我家的狗狗才三個月大。牠真的好可愛喔！所以每天都想早點回家，聚餐的次數也減少，生活習慣都改變了♪」

「真的很可愛呢！」

「上原小姐養狗的時間比我久，所以想請教您有認識的社團嗎？」

「有啊！我也參加了社團，妳有興趣的話，下次我介紹妳參加吧！」

「那就麻煩您了！」

由此可知，食物、故鄉與寵物是經典話題。

另一個尋找共通點的好幫手則是臉書。相較於 Instagram 和推特，臉書用戶多半以本名註冊，容易找到對方。

其實我也經常在臉書上搜尋剛認識的人，從中找出喜歡的書籍或是電影等共通點。因此事先充實自己臉書的內容，方便對方搜尋共通點也十分重要。順利找出與對方的共通點，建立良好的人際關係吧！

100%
受歡迎的
溝通訣竅
18

三種經典話題，保證能找出與對方的共通點。

讓對話源源不絕的三大經典話題

①食物

您喜歡吃肉嗎？
是啊！我很喜歡。
我也是♪

②故鄉

您是福岡縣人嗎？
我是福岡縣柳川市人。
古賀這個姓在福岡很常見。
您真是博學多聞！

③寵物

您養的是貴賓狗嗎？
是啊！山田先生也是嗎？

發現共通點，馬上便能炒熱氣氛。

20

比起逗自己笑的人，更喜歡一起笑的人

在態度自然的狀況下聊天最舒服

「跟崇拜的人說到話，好開心！」

「我想加深跟那個人的交情。」

「希望下一次見面時能聊得更多。」

一這麼想，見到對方時便無法維持平常心，想說的話說不到一半；或是一直說些無關緊要的話，關鍵重點一句話也沒提……

大家是否也有過這種經驗呢？

我也是在放鬆自在時，最容易展現出自然平常的態度，容易和對方建立起良好的關係。

要是見到特別的對象總是不禁過於在意，不禁多嘴了起來。擴充話術等訣竅都飛到九霄雲外，好幾次都在後悔失意中踏上歸途。

為了避免大家經歷跟我一樣的失敗，我想介紹兩個魔法關鍵詞。

博取女性好感的兩句魔法台詞

（工作場合）「哈哈哈哈，這件事很有趣吔！然後呢？♪」

（面對朋友或戀人）「哈哈哈哈，好好笑，再多說一點嘛！」

無論是工作夥伴、朋友、戀人或是夫婦，這兩句魔法台詞用於任何人際關係都能發揮效果，對話就能不斷延伸。

我由衷建議大家現在馬上把這兩句話用在身邊的家人親友身上，實際體驗這兩句話帶來的效果。

然而為什麼這兩句話對於重要的人如此有效呢？這是因為這兩句話符合人類心理三大原則之一：「**凡是人都喜歡了解自己的人**」。

人類在高興開心的時候，特別想和其他人分享感動與喜悅。此時說上這兩句話，對方便會覺得「啊！這個人和我一起分享喜悅」心中的感動也會倍增。

「比起逗自己笑的人，更喜歡一起笑的人。」

了解這個原理，就算無法滔滔不絕、口若懸河，或是勉強自己說些對方喜歡的好聽話，也能博得對方的好感。

因此希望大家一定要記住這兩句話，尤其是男性讀者。這是因為**女性比男性更容易因為對方共鳴而感到喜悅**（當然每個人的程度有異）。

要是覺得太太、伴侶或是戀人的話不多時，建議一定要試試這兩句魔法台詞。

說的時候還要搭配表情和肢體動作，加上十倍的「！」或「♪」，便能看到出乎想像的效果。

大家一定要試試看。

100%受歡迎的溝通訣竅 19

和重要的人一起笑便能縮短雙方的心理距離。

21

一輩子管用的自我介紹

一次解決自我介紹的煩惱

初次見面與聚會時不免得自我介紹。長度通常是一到三分鐘。儘管時間不長，卻經常有人對我說很怕這種場合。

畏懼的理由多半是不知道該說什麼。然而出了社會，總會遇上得自我介紹的場面。因此我建議大家要提早準備好自我介紹。

我接下來要介紹的這個辦法剛開始有點花時間，然而準備好之後，這份自我介紹便能用上一輩子。就算時光流逝、更換工作，稍微調整一下便能繼續使用。

三大步驟打造感動人心的自我介紹

三步驟分別是①寫自我編年史、②彙整文章、③鎖定關鍵詞。

1 寫自我編年史

以條列方式寫出自己從出生到現在的經歷。

2 彙整文章

一邊省略故鄉與母校等多餘的資訊，把條列式的人生經歷彙整為簡單的文章（如果告知故鄉與母校有其意義則無須省略）。

3 鎖定關鍵詞

「為何從事目前的工作？」

「現在的我什麼時候會開心或覺得工作有價值？」

一邊思考這些問題，同時從文章中找出代表自己的關鍵詞。

自我介紹時詞窮或是冗長都是因為不了解自己，也就是找不到「說明自己的一句話」。首先把自我編年史彙整成文章，再從中鎖定關鍵詞。如此一來，自我介紹不再是單純的簡歷，而是充斥自己想法的卓越文章。

最能打動人心的就是你自己的想法。

加入「感謝」的自我介紹最能打動人心

在大規模的聚會上自我介紹時，記住這一點更能加深眾人對你的第一印象。

那就是**對於主辦單位與認識在場的各位十分榮幸的謝意**。無論是何種聚會，總會有負責營運的主辦人或單位。

同時無論是何種聚會，你一定是因為某人的關係而得以參加（可能主辦人就是邀請你的人）。

沒有這些人，今天你不會站在這裡。想到緣分如此珍貴，自然會冒出感謝的話語。

許多人過於專注於自我介紹，而忽略了對主辦單位表達謝意。

正因為如此，在眾人面前自我介紹時，更應該趁機表示感激之情。如此一來更能打動人心，成為感人的自我介紹。

「大家好，初次見面，我叫鈴木太郎。首先我要向本次聚會的主辦人佐藤幸子小姐表示謝意，感謝他舉辦了如此美好的聚會。

我目前在昂書店負責管理商業書籍樓層。世上的好書多如繁星，然而不見得所有人都能遇上自己需要的那本書。我因此從製作書籍的出版社轉換跑道，到協助讀者與書籍相遇的書店。

每個月書店都有許多新書上架，『協助大家遇上改變人生的書籍』便是我的使命。今後還請大家多多指教。」

100%
受歡迎的
溝通訣竅
20

自我介紹時，想法比經歷更打動人心。

三大步驟創造打動人心的自我介紹

①寫自我編年史

☑ 條列出生到現在的人生大事。

1974 年	出生於愛媛縣今治市
1992 年	○○高中畢業，進入△△大學
1996 年	進入□□廣告公司
1998 年	轉換跑道進入◇◇出版社 六個月之後辭職 學習如何當酒保
2000 年	回到家鄉今治市 開始當酒保

②彙整文章

☑ 省略故鄉與母校等多餘的資訊。

☑ 彙整為簡單的文章。

出生於愛媛縣今治市。
十八歲時前往東京念大學，大學畢業後進入廣告公司和出版社工作，兩項工作都做不久。
學習如何當酒保。
兩年後成為酒保。

③鎖定關鍵詞

☑ 選擇象徵當前自己的關鍵詞。

出生於愛媛縣今治市，小學時立志「**將來要成為酒保**」。
因為十八歲時一起前往東京念大學，立志當酒保的朋友過世，**讓我重拾原本放棄的夢想**，二十四歲開始學習當酒保，兩年之後回到故鄉當酒保。

22

製作最強話題懶人包「挫折清單」

分享自己的失敗經驗絕對不會被討厭

人類是容易煩惱和氣餒的生物。陷入低潮時總會忍不住羨慕成功人士，為了自己犯下的失敗而耿耿於懷。

因此當遇上這種人或是想跟對方愉快聊天時，我一定會加入一種話題，那就是**失敗經驗**。

一輩子一帆風順的人生十分罕見。大多數人總會經歷或大或小的失敗，自怨自艾。此時不妨收集自己經歷的失敗經驗，作為聊天的話題。

因**此我建議事前製作「我的挫折清單」**。回顧過去，把丟臉的故事跟過去的失敗列成一張清單吧！

我的挫折話題：我家有外國人！

這是我的經典話題。

事情發生在我小學一年級時，當時身邊的朋友炫耀起自己的父母有多麼厲害。

我覺得自己也得說點什麼，結果不禁撒了一個謊：「**我家住了一個外國人！**」

大家聽到了紛紛表示：「好厲害！」、「那你會說英文嗎？」

說到這個分兒上，我想把話收回來也來不及了。結果最後是用「後來他不知道去哪裡了」這個藉口來敷衍大家。然而直到把事情蒙混過去，還是費了不少功夫。

現在回想起來，就連我自己也忍不住笑起來，覺得自己當年怎麼會扯出這種謊。

用失敗經驗引起共鳴

「我運動會時竭盡全力，結果跑了個最後一名。」

「我向朋友宣稱『那個女生一定喜歡我！我一定要把她追到手！』結果卻被甩了。」

「當我在眾人矚目之下，踩著高跟鞋大步前進時，鞋跟卻斷了。」

仔細回想一下過往的經驗中，應該能挖掘出許多話題哏。失敗經驗不一定是遙遠的往事，反而是在回想的過程中應該會冒出許多博君一笑的近期經驗。

此外，養成了製作挫折清單的習慣，今後無論遇上什麼失敗都能以積極的態度面對：「把這件事情加入清單裡吧！」

無論如何，失敗經驗能引起眾人共鳴。坦承出醜的往事並不會影響大家對你的評價。反而會因為你能把挫折化為笑料，感到十分安心。

不過我要提醒大家一點，不需要連不想說的失敗經驗都勉強自己和眾人分享。值得回想起來列入清單的，是你自己也能笑著說出口的挫折。

100%
受歡迎的
溝通訣竅

21

製作挫折清單，在正確的時機分享自己的失敗經驗。

挫折是最受歡迎的話題

關於謊言的失敗經驗

我家有外國人！
你會說英文嗎？
我想看看！
哇！糟了！
我該怎麼辦？

關於誤會的失敗經驗

她喜歡的人一定是我，絕對沒錯！
咦？是這樣嗎？
真的嗎？
請跟我交往！
我喜歡的是別人。
結果被甩了……

把「我當初怎麼會做出這種事」的經驗列成清單

↓

只要是人都會對失敗產生共鳴
＝不再因為沒有話題而苦惱。

第 3 章

不被討厭的說話方式

23

在被喜歡之前，先學會不被討厭

左右人生的溝通關鍵

只要是聚會，總有交談的時候。就在你翻閱本書的當下，到處都正上演各種悲喜人生。

思及至此，溝通實在占了人生的大半時間。因此溝通時愉快與否，會大幅影響人生的說法並非誇飾。

仔細觀察人與人的溝通，有些人看了就知道「這個人一定很受歡迎」、「這個人真是擅長溝通」，卻也有不少人看了就覺得「這個人一定因為不擅溝通而吃了很多虧」、「這時候不用說這句話吧！」

溝通占了人際關係的九成。前文提及的「討人喜歡的話術」固然重要，不會影響對方情緒的話術也必須多加留意。

千萬別留下壞印象

關於溝通，有件事情想提醒大家。溝通的關鍵在於**受人喜歡之前，先不討人厭**。

人類的情感只有愉快與不愉快兩種。把正面與負面情感想像成兩根柱子，人心在兩者之間來來去去，相信大家便能明白了。

尤其是初次見面時，印象分為「這個人感覺不錯」、「想跟這個人做朋友」或是「這傢伙莫名惹人厭」、「不想跟他多說上幾句」。

當對方的印象大幅偏向壞的一方時，想要歸零就得付出相當的努力。

換句話說，溝通高手因為了解只要留下一次壞印象，之後無論付出多大心力都很難挽回，因此說話時格外留意，以免遭人討厭。

第三章將針對不惹人厭的溝通方式提出實例，提供大家參考。

100%
受歡迎的
溝通訣竅

22

溝通高手學的是不被討厭的說話方式。

24

會說話的人，絕不說廢話

為什麼那個人會被討厭？

有些人說起話來總讓人覺得「為什麼非得這時候說出這句話呢？」用字遣詞也教人覺得難怪會被人討厭。

例如當別人開心地說「我有一條很寶貝的狗」，他卻馬上回「我討厭狗」。這種人開口時絲毫不考慮對方的心情，總是說出不該說的那句話。然而這種說話老是多一句的人其實出乎意料地多。

就算不喜歡狗，這時候說句「你這麼疼牠啊，真好」也就得了。畢竟對方說出這句話並不是強迫在場所有人都要跟他一起喜歡狗。

坦白率直不是隨時都通用

溝通高手聽到對方說「我很喜歡狗」時會說「原來你喜歡狗啊！」當對方回問他時會說「我沒養過狗，所以不是很清楚。但是既然你都說狗很可愛了，應該就是很可愛吧！」換句話說，**儘管自己不喜歡狗，發言時還是會顧慮對方的心情**。

另外再舉一個例子。當聽到其他人說「我很尊敬社長」時，回答一句「尊敬他人是件好事」也行。就算聽到關於那位社長的壞話，也不需要特意告訴對方：「你老闆在外面風評很差。」

「那個人雖然嘴巴壞，其實是好人」是假的

在人際關係之中，有些話可以直說，有些話卻是絕對不能說出口。

有一種說法是「有些人雖然嘴巴很壞，其實心地善良」，其實根本就沒有口惡心善的人。「我口說我思」，說出口的話反映腦中的思想。如同榨橘子不可能擠出檸檬汁，心裡沒想過的事情不可能從嘴巴裡冒出來。心中有愛的人說出來的話溫暖感人，滿肚子壞水的人說出來的話充滿惡意。

可惜的是現實生活中一定存在只會口吐否定負面言詞的人。無論意見多麼正確真實，還是不應該在不必要的場合說出傷害他人的話。

溝通時注意用字遣詞以表達共鳴同理，顧慮對方的心情，必定能提升你的個人魅力。希望大家說話時務必留意這一點。

100%
受歡迎的
溝通訣竅
23

說話不傷人、不否定。

不要說破壞他人心情等不該說的話

說話太老實的人

狗很可愛吧！
我很討厭
狗～～
激怒對方

懂得顧慮對方心情的人

貓咪很療癒
對吧～～
要是養了貓
一定會覺得
很可愛吧♪
顧慮對方的心情

25

正確答案不能直球對決，要用變化球

正因為你說的都對，才更要注意傳達方式

沒有人希望被討厭，然而有時總免不了必須指責對方的錯誤。

此時必須留意的是如何講道理。正因為是道理，表達起來更是困難，一個不小心就會傷害對方。

無法反駁的道理可能逼得對方無處可逃，所以講道理時要更委婉。

謊言有時候是必要的

有個後輩曾經來找我商量。

他大學畢業之後進入大公司工作，主動積極，努力奮鬥。然而無論他如何賣力，卻得不到認同。他因為自己的格格不入而十分苦惱。

他表示自己總是第一個踏入辦公室，在大家來之前就完成打開影印機的開關等雜務，接下來做完檢查電子郵件等自己的工作。等到前輩來上班時，他已經準備妥當，隨時可以接受指派的工作。

他白天積極接受主管委託的工作，主動提出點子。光聽他的描述，感覺他工作起來無可挑剔。可是他卻難以獲得周遭同事的認同。

然而我光是聽他說就覺得累了。因為我明顯感覺到他的努力用錯方向，不過是白費功夫。

剛出社會的人經常犯下這種錯誤。他認為有益的做法在旁人眼中不過是強迫大家，給大家添麻煩。

因此我對他說：「我以前也是這樣。那時候有位前輩告訴我……」

其實根本沒有前輩這個人。就算沒有這個人，捏造出虛構的故事也無所謂。

最重要的是講道理時不要傷害對方。對方越是努力，直接講道理指責時他越是難過。因此我利用自己的失敗經驗，憑空創造出不存在的前輩來勸告我的故事。對方才不會覺得我在抨擊他，老實傾聽忠告。

講道理時要設身處地

一開口就講道理，就像直接指責對方錯了。遭到指責時，任誰都會出於自我防衛而擺出迎戰姿勢。

因此必須設身處地，為對方著想，以容易引起對方共鳴的說法表達。

例如：「我以前也犯過同樣的錯……」、「我以前挨主管罵的時候……」

如此貼心的人，自然人際關係順暢無礙。

我也曾經因為對方委婉表達而老實聽從指責，事後多次發現對方是刻意選擇不傷害我的說法。每個人都有自己的立場、情緒和理由。溝通時應當了解對方並進一步保護對方的立場，以對方容易理解的方式說明。

參考身邊溝通高手的做法，自己也嘗試看看吧！

100%受歡迎的溝通訣竅

24

用同理心和體諒與對方對話。

講道理時必須委婉表達

直接講道理

我每天努力
一大早
就進公司，
主管卻都
不誇獎我。

我才沒錯！
你最好聽聽
周遭的人的
意見。

✕ 講道理
反而傷害對方。

說明時設身處地

我每天努力
一大早
就進公司，
主管卻都
不誇獎我。

以前有個前輩告訴我，
我應該……

〇 傳達忠告時
要設身處地，
利用虛構的故事也行。

26

讓正在煩惱的人變輕鬆的對話方式

有煩惱的人才不需要正向發言

經常有人來找你商量嗎？還是你不太常遇到這種場面呢？

接下來我要傳授的話術對於有人登門來商量時格外有效，請大家一定要牢記在心。

通常來商量的人希望的是「有人聽自己說話」、「希望有人懂自己」、「希望獲得贊同」。實際上真正需要意見的人寥寥無幾。

商量的事情又分為積極正面與消極負面，常見的往往是後者。面對消極負面的商量，可別馬上建議對方要秉持積極正面的心態：「你這樣太消極了，不行啦！我們來正面思考吧！」

聽到這裡，對方就會關上心房，再也不肯多說一句話了。**來商量的人所尋求的是了解與同理，不見得一定要轉換思考方向**。

另外，有些人在陷入低潮時聽到正面積極的鼓勵，反而會以為對方是在說教，無法發揮效果。換句話說，越是鼓勵對方，給予建議，對方反而更是拒人於千里之外。

提議時絕不能強迫

有時對方可能會要求你提供意見，這種時候最好的應對辦法是客觀謙虛地回應。

例如「這是我個人的想法……」、「你就當作也有這種辦法聽一聽」等說法敲開對方的心房，而非「我覺得你就是該這麼做啦！」

畢竟最後下結論的還是當事人。就算「只要這麼做就好」的建議幾乎快脫口而出，也要想辦法努力吞下去。

強迫對方接受你的意見，只會逼得對方情緒化，造成無法挽回的局面。希望大家記住自己認為的「正確答案」，對方只會覺得強人所難。

他們其實只需要你的陪伴

面對陷入煩惱的人，最貼心的話就是「**我們一起想辦法吧！**」

對方需要的不是解決方案，而是一同煩惱、一同思考的夥伴。光是陪伴對方一起面對煩惱，就能帶給對方無比的勇氣。

「你很辛苦吧！很累吧！我們一起來想辦法。」

「我懂你的心情，你一定很難過吧！我們一起來想想該如何解決。」

先是以貼心的話語穩定對方的心情，對方自然會朝正面積極的方向開始思考。對方平靜下來之後才是提供意見的時機。

跌到谷底往上爬時，朝著對方的後背輕輕給予助力——這正是最好的援助。

100%
受歡迎的
溝通訣竅

25

面對有煩惱的人，第一步是給予情感的支持，和對方一同思考。

有人來找你商量煩惱時該怎麼辦？

菊川說我的壞話，
我不知道該怎麼辦
才好……

過度正面思考的人

這樣不行！
你不能光往
壞的方面想！

消極的詢問
不能報以積極的意見。

菊川說我的壞話，
我不知道該怎麼辦
才好……

體貼對方的人

我們一起
來想辦法吧！

抱持一起面對、
共同解決的態度。

27

說話方式不因對方的頭銜與地位而改變

被周遭邊緣化的人

「對方本來很傲慢，一看到名片上的頭銜，態度就不一樣了。」

「我是客戶，所以他說話很客氣，對部下和後輩等人則非常粗魯。」

這種用字遣詞和態度因人而異的人，與其學習話術，不如先改正這種習性。有些人面對計程車司機或是餐廳、便利商店的店員便擺出客人的架子。時時抱持感謝的心情，自然會加上一句「麻煩你了」或是「謝謝」等話語。

你又是哪一種人呢？

其實大家都在關注你的說話方式

用字遣詞和態度可以自行選擇改變。因為對方的地位或頭銜而改變說話方式的人，絕對不會受人歡迎。

之所以會因人改變用字遣詞和態度，都是因為內心認為對於地位比自己低的人不需要客氣。周遭的人可以從用字遣詞和態度看得出一個人的為人，自然心生厭惡。

面對居上位者或是重要的人，任誰都會注意用字遣詞和態度。然而面對日常生活中接觸到的人又是如何應對呢？一個人的真正價值正是在這種地方顯露出來，身邊的人注意的也是這種地方。

前幾天我搭乘東京地下鐵出門，到站時不知道該從哪個出口出去，於是開口向站務員問路。站務員用敬語回答我，卻粗暴對待另一名同樣是來問路的高齡女性：「所以不是跟妳說往右走嗎！」

我聽了之後，心情很複雜。站務員或許是因為高齡女性理解速度較慢而煩躁不已，然而今天來問路的如果是個看起來凶巴巴的中年男子呢？難道站務員也會以同樣的態度應對嗎？想必不是這麼一回事。因為這種人的態度會因人而異。

再介紹一個態度因人而異的例子，希望大家牢記這種行為是多麼醜惡。有一次參加派對的時候，站在我旁邊聊天的男性口氣一直有些蠻橫。然而等到他和交談的對象交換名片之後，態度突然出現一百八十度的轉變，連連鞠躬道歉。

「不好意思，我不知道您這麼厲害……」

看來是剛開始把對方當作平輩看待，等到交換名片時發現對方待的公司比自己大，職位又高得多，馬上開始點頭哈腰。

說話方式始終如一的人才值得信賴

我認為做人應該貫徹始終。自大也好，貼心也罷，都應該秉持一貫的態度。自大的人對誰都自大，重視人際關係的人對誰都親切有禮。**應對的態度與用字遣詞不因人而異是做人的基本**。

或許有人會反駁我的說法，認為「亞洲是階級社會，遇到長輩或是主管不得不低頭」。我當然也認為對這些人講話時必須客氣有禮。既然如此，面對小輩和部下等也應該親切以待才合乎道理。

想要客氣有禮又散發翩翩魅力，只要做到珍惜所有人就行了。這才是真正卓越的溝通方式，也是建立人際關係的正確做法。

無論對方地位身分高低，說話時都客氣有禮。
無論對方是男是女，說話時都體貼用心。

無論對方看似凶神惡煞或是害羞內向，說話時都恭恭敬敬。無論來者何人，說話時都設身處地，為對方著想。

堅持這種態度，自然能持續散發魅力，甚至更為吸引人。態度貫徹始終，平等對待所有人，任誰看來都是傑出非凡的人才。

100%受歡迎的溝通訣竅

26

不要因為對方立場不同、職位不高就改變說話方式。

28 討厭鬼的共通點

避開七大說話地雷，保證大家喜歡你

有些人因為說話方式很討喜，卻也有人因此被討厭。本節就簡單介紹惹人厭的說話方式有哪些共通點。

1 常常把「逆接」與「否定」意味的言詞掛在嘴巴上

「不過」「可是（因為）」「反正」「不行」——經常使用這些逆接與否定意味的言詞會遭人討厭。其中特別需要注意的是「不過」。

例如一說完「我喜歡你」就馬上接「不過你這種地方不行」，相信對方聽了必定一肚子火。

承接上下文時不免會用到這些逆接意味的言詞，然而使用「不過」的頻率過於頻繁，對話整體會流於負面氣氛。

此時改為先肯定對方再表達自己的意見：「是啊，只是這種地方還需要改進」就不會顯得過於尖銳。

「可是」和「反正」也是一樣。

「可是就是因為他弄錯了啊！」、「反正他就是不行啦！」這兩個詞經常連結放棄意味的言詞或藉口，頻頻掛在嘴上也會給人負面印象。

用字遣詞的習慣，同時也是人格的習慣。

平時需要多加留意自己說話的習慣，以免在不知不覺中讓人留下心理消極又負面的印象。

2 披露自己的桃花史或是講黃色笑話

這裡的桃花史是指炫耀自己在感情世界玩得多囟，吃得多開。大家聆聽時可能臉上帶著笑容，不置可否，心裡想的卻是我最好跟這個人保持距離，不要太接近。

無論現實生活究竟如何，沒有必要特意公開私生活紊亂的一面。

另一方面，黃色笑話是最容易引人反感的話題。要好的女性或男性朋友之間或許可以用黃色笑話炒熱氣氛，不熟悉的朋友圈基本上還是避開這個話題比較好。

說黃色笑話的人或許是想博君一笑，每個人的笑點卻不盡相同。逗人一笑的方法很多，黃色笑話的風險特別高，建議使用其他較為平易近人的話題。

當對方說起黃色笑話時，最好的應對辦法是不要積極參與，微笑聆聽即可。

3 模仿搞笑藝人

可能是因為搞笑文化逐漸普及，有些人會刻意模仿搞笑藝人的言行。例如責備他人說話沒有結局，說話時逗弄對方或故意裝傻等人吐槽。

然而在模仿搞笑藝人之前必須先了解一個前提：「搞笑藝人是『搞笑的專家』。」

其中又以「逗弄」這項搞笑是只有專家才做得來的高度技巧，連遭到逗弄的那一方也是專家。

搞笑藝人之所以能接受對方逗弄，在於彼此之間存在主動逗弄與被動接受的默契。

這和摔角擂台上的英雄與壞人角色是一樣的道理。門外漢輕易模仿可能會傷害他人。

就算周遭的人覺得非常有趣，當言談傷害到對方時，百分之百是說出口的人的錯。

對方不會接受「我只是開個玩笑，沒有惡意」這種藉口。

門外漢隨意模仿的話容易留下畫虎不成反類犬的印象，請多加留意。

4 愛做總結的人

溝通和穿衣服一樣，必須注意時間、地點與場合。當會議結束時，必須整合意見，提出結論。

可是派對、聚餐等和他人隨意閒聊時不需要提出結論。關鍵是留下「雖然不記得跟那個人聊了什麼，但是在一起的時候很愉快」的印象。此時刻意整合眾人的意見和做出結論反而是俗不可耐的行為。

前文反覆提到基本的溝通方式是成為聆聽高手——引導對方開口，延伸話題，促使對方愉快地說下去。

彙整意見和作結與促使對方繼續聊下去正好相反，聊天時要多留意。

5 搶話

第二章第十九節提過尋找共通點的優點。但**尋找共通點加入話題時，必須留意不能因此搶走對方發言的空間**。

假設你和對方的共通點都是熱愛咖啡。既然你也喜歡咖啡，想必有很多獨到的見解，想多談談也是人之常情。

然而這種時候一定要提醒自己：**「尋找共通點的原意是為了促使對方多開口」**。

好不容易找到共通點，結果卻搶走對方發言的機會，導致對方才說了一句「喜歡咖啡」就落到聽你發表的下場可就本末倒置了。

如果是自己也想多聊聊的話題，記得使用第一章第九節介紹的「擴充話術」延伸話題，等到對方說到一個段落之後再提出自己的看法。

6

裝熟

有些人認識沒多久就突然叫起綽號、叫人不加先生小姐或是用字遣詞變得粗魯無禮。

換句話說，這種人一認識馬上就裝熟。無論對方地位身分是高是低，一認識馬上就裝熟只會惹得對方不快。

剛開始還是老老實實稱呼先生小姐，注意用字遣詞最保險。

就算一開始因為客氣有禮而顯得有些疏遠，合得來的人久而久之自然會成為好朋友。

熟識之後，自然會互道綽號或是開起玩笑來。刻意單方面以綽號稱呼對方，對方只會覺得不舒服。

7

嘴硬不服輸

和他人比較是人類的習性。

當同事、同行或是跟自家子女同齡的孩子做出一番好成績時，你做何感想呢？一方面覺得對方真是了不起，卻又多少有些嫉妒吧！

嫉妒是人之常情，不需要否定這種情緒。

然而是否表露這種情緒又是另一個問題了。因為嫉妒而嘴硬不服輸，只會留下令人遺憾的印象。

有些人以為誇獎別人會拉低自己的評價，其實並不是這麼一回事。**能夠坦率稱讚別人也會受到同樣的讚美**，一點也不會影響自己的評價。留給人心胸寬大的印象，更是加分。

100%
受歡迎的
溝通訣竅
27

避開討人厭的說話陷阱，才是邁向良好溝通的第一步。

不知不覺引來反感的行為

①常常把「逆接」與「否定」意味的言詞掛在嘴巴上

不過
不行
可是
反正

②講黃色笑話

那個啊，就是那個啊～～

③模仿搞笑藝人逗弄他人

你講話怎麼沒結尾！

④愛做總結的人

所以你想說什麼呢？

⑤搶話

狗很聰明吧？
養狗比養貓簡單，
而且啊……

⑥裝熟

敝姓望月。
那我可以叫你阿望嗎？

⑦嘴硬不服輸

敝公司成立於江戶時代……
這樣比起來是敝公司歷史比較悠久，
從室町時代一直傳承到現代。

第 4 章

打動人心的說話方式

29

「加油」要說得對其實很難

必須注意說法與時機

鼓勵打氣時最常脫口而出的是「加油」。然而一個不小心，不但無法發揮激勵的作用，甚至適得其反。

每個人都覺得自己已經很努力了。這時候聽到一句加油，可能會以為「難道我還不夠努力嗎？」「是要我更努力嗎？」，感覺說這句話的人把價值觀強加在自己身上。

充滿幹勁、全力衝刺時，加油一詞的確能激起士氣，帶來力量。然而正值低潮時，叫人加油反而是沉重的負擔，心情因此更為低落。

換句話說，對於原本就氣餒消沉的人說加油，反而會逼得對方走投無路、鑽牛角尖，所以開口前必須多加留意。

以下介紹三種說加油的時機與表達的方式。

區分加油的用法

鼓勵打氣時最重要的是表達同理心與設身處地。因此有效的說法是「你真努力，不過不要太勉強喔！」聽到這句話，對方一方面覺得自己的努力獲得認同，又湧起那我再努力一下好了的幹勁。

重要的是百分之百肯定對方付出的心血。如此一來便能促使對方主動前進，達到鼓勵打氣的目的。

不要直接對沒在努力的人說加油

然而對於並未全心全意投入的人又該怎麼說加油呢？

不喜歡努力的人聽到「你很努力」的說法，容易覺得我明明就沒那麼努力，說這種話是在諷刺我嗎？

對於這種人特別有效果的加油法是寓言和周遭的人正在努力的例子：

「跟你同期的田中因為公司指派的專案而幹勁十足，特別賣力。」

「同行的若狹最近很積極開發新的事業。」

這種說法可以刺激對方覺得我也得努力不可，成為主動著手的契機。

對於有心努力也正在努力的人傳達兩件事

對於明白自己的目標並且主動積極達成目的的人，最有效的加油法是

「我看你做得高興，很多人都很期待結果。多虧有你加油，公司之後也會出現更多幸福的員工」。

先對對方正在做的事表示贊同，進一步討論未來的展望，對方的心情會更為積極向前。

因此對於加油過頭而疲倦的人，要勸對方稍微放鬆一點吧！

對於並未努力的人，要促使對方拿出幹勁。

對於有心努力也正在努力的人，則談論之後的願景。

懂得如何聚焦於對方的心情又善於聊天的人，會配合對方改變加油的說法。此時正是平日的觀察發揮效果的時刻。

100%
受歡迎的
溝通訣竅
28

只是一句加油，也要講究講法和時機。

讓你的加油發揮效果的三大用法

①對於努力過頭的人，「稍微放鬆一下吧！」

合格
要不要
休息一下呢？

②對於並未努力的人，促使對方打起幹勁。

跟你同梯
進公司的佐藤
最近很認真喔！
這樣嗎？
那我也要
加把勁了！

③對於有心努力也正在努力的人，談論遠景。

都是因為你幫忙，
整個部門的氣氛
都改善了！
業績應該也會
因此提升。
謝謝您的
肯定！

30

責備對方時別忘了表達敬意

為什麼要尊重訓斥的對象？

訓斥或指責時**必須抱持尊重當事人的態度**。就算表達難以開口的事情，也是秉持同樣的原則，**甚至更應該表示敬意**。

這是因為訓斥或指責容易形成上對下的口吻，一個不小心便會喪失尊重對方的態度。

強硬高壓的態度的確可能逼使對方行動。然而這是強迫的結果，而非對方自行思考後採取正面行動。

無論對方是部下還是兒女，尊重對方才能培養出真正的獨立精神，日

後方能展翅翱翔。

指責是點出對方的錯誤，不免流露責難的口氣。因此指責時抱持敬意乍看之下似乎是不可能的任務。

然而只要抓到訣竅，任誰都能輕鬆做到。以下說明做法：

罵人時絕不能脫口而出的字眼

首先有兩句話絕不能說：

「你這個人就是不行。」

「你做的事一點意義也沒有。」

「你這個人就是不行」是否定對方的人格；「你做的事一點意義也沒

有」是剝奪對方的行為意義。

人類做任何事都是依循自己所發掘的意義而行動。剝奪行為意義代表否定對方這個人，等於是破壞對方肯定自我的自信，失去行動的意願。

斥責中是否帶有慰勞之意？

既然如此，訓斥對方時不忘敬意的訣竅究竟是什麼呢？

首先是**安慰對方曾經付出心血與了解對方行動的動機**，表示「雖然結果並不理想，不過我明白你付出的努力與心意」。

下一步則是**呈現抱持的敬意與期待的程度**：

「你這麼厲害的人居然也會出錯。」

「你怎麼了！這不像是你會犯的錯。」

這種說法也是一種斥責，卻充滿敬意。

最後再次表示期待：「沒關係，我相信你一定做得到」。

如此一來，對方不會因為遭到指責而失去自信，退縮不前，反而奮發向上，「我下次一定不能辜負期待」。

最近企業遵守法規的觀念普及，許多主管不知道該如何斥責員工，擔心遭人視為職場霸凌、權勢霸凌。

然而無論是什麼時代，有心為對方著想，抱持敬意指責對方的人一定會受到愛戴。

【指責的例子】

「部長對不起，××公司下單的案件發現和對方負責人的看法有所差距，無法依照預定計畫執行……這下子不能算是這一季的營業額了。」

「我明白了。我知道你很努力執行這個案子，沒想到你這麼優秀的人才，居然會犯下這種錯誤，功虧一簣……不過我明白你是能接到大案子的人才，繼續和對方談談看吧！」

100%
受歡迎的
溝通訣竅
29

指責時應當抱持敬意，慰勞對方。

如何告知難以啟齒的事情？

山田跟 A 公司
商談失敗了。
找他聊聊吧。

你這個人就是不行！
就是因為談判方式
錯誤才會失敗！

否定人格和當事人

↓

喪失自信，
無法肯定自己，
失去行動的勇氣。

這次談判
最後功虧
一簣……
不過沒關係，
你是拿得到
大案子的人，
我們再接再厲！

慰勞對方

↓

最後表達期待，
對方自然會重新
打起精神！

31

有長輩緣的表達方式

藉口說多了，好印象都沒了

就算長大成人，還是會面臨出錯遭到指責的場面。相信大家最常遇到的場面是主管開罵，私生活也可能會遇上忠言逆耳的情況。

這世上當然沒有人喜歡挨罵，總會因為挨罵而心靈受傷或是覺得尷尬。正因為如此，挨罵時的態度和發言更是影響印象與評價。

首先是絕對不能露出鬧彆扭、氣餒和賭氣的態度，找藉口也會留下壞印象。當自己出錯時，首先是忍住為自己辯解的心情，專心道歉。

一句話讓對方從責備轉為支持

然而**最重要的是挨罵之後的行動**。指責錯誤是為了對方著想。「明明保持沉默比較輕鬆，他卻花心思指出我的錯誤」一想到這裡，自然覺得對方開口罵人其實十分值得感激。

換句話說，感謝正是消除鬧彆扭、氣餒和賭氣的辦法。

因此會因為挨罵而成長的人在接受指責之後會說：「都是因為我出錯，才逼得佐藤課長得說出這些難以啟齒的話，實在很抱歉。多虧您指點，我學到了很多，真是謝謝您。」

關鍵在於同時表達歉意與謝意。說完之後再加上這句話，對方一定馬上成為你的隊友。

「今後我也會努力學習。但是我記性不好，如果重蹈覆轍，到時候還請您不吝指教。」

心態改變言詞，言詞影響行動。

這些發言不是當場掛在嘴巴上的敷衍，言詞所帶動的行動與成長會大幅改變你給人的印象。

100%
受歡迎的
溝通訣竅

30

會做事的人在挨罵之後，會表達歉意與謝意。

優秀的人不找藉口

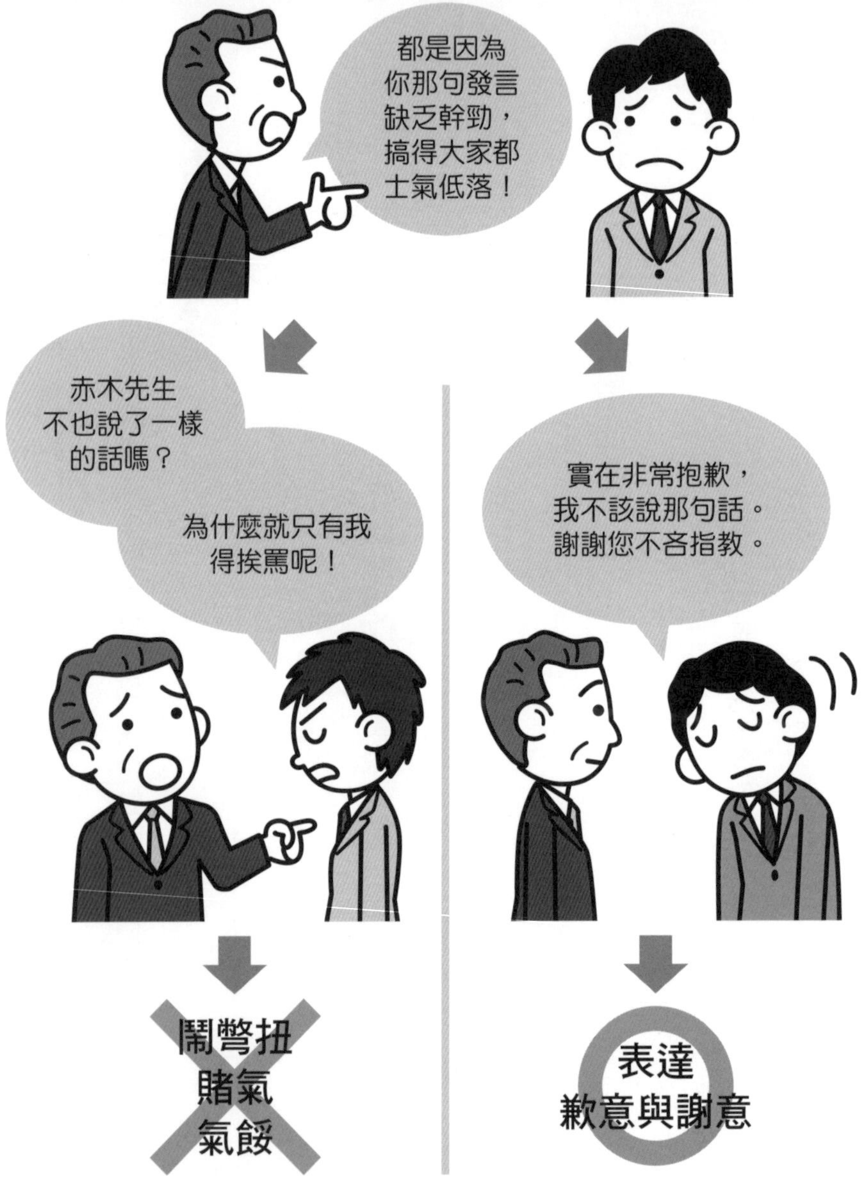
都是因為你那句發言缺乏幹勁，搞得大家都士氣低落！
赤木先生不也說了一樣的話嗎？
為什麼就只有我得挨罵呢！
鬧彆扭
賭氣
氣餒
實在非常抱歉，我不該說那句話。謝謝您不吝指教。
表達
歉意與謝意

32

不說、不聽也不參與壞話

遇上壞話說個不停的人就換話題

一種米養百種人。人生在世總會遇上形形色色的人，其中最麻煩的是喜歡說壞話跟愛批評的人。相信你也曾經因為這種人而頭大吧！稍微聽一下還能勉強配合，聽久了不免厭煩。

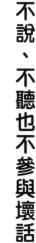

這種時候不妨若無其事地換座位。例如假裝上廁所而暫時離席，回來時改坐其他人旁邊。若是一對一聊天的情況，不方便用離席這個招數。**這種時候還有另一個辦法能讓對方放棄抱怨或說壞話。**

利用這種話題炒熱氣氛，為愛抱怨跟說壞話的人帶來快感。因為大家對自己的負面發言有所反應，反應越大，言詞越發激烈。

然而興奮當頭要是有人潑冷水，自然興致下降。**最有效的方法是刻意改變話題，讓對方覺得交談時牛頭不對馬嘴**。由於目的是轉移注意力，因此就算是天氣、美食還是演藝圈的新聞等沒有特殊意義的話題也無所謂。

反覆幾次下來，對方便會認為你這個人很無趣，不會想一起抱怨和說壞話。如此一來，對方不僅會趕緊轉換話題，之後也不會再找你抱怨或是說壞話。

轉換話題本身只是個小訣竅，卻能促成老是把負面言詞掛在嘴上的人自動遠離，日常生活更為輕鬆愉快。

只和合得來的人交往，打造「全面肯定」的環境

這麼一來豈不是和第一章第二節提到的「全面肯定」矛盾嗎？其實這

也是一種全面肯定，一點也不矛盾。

我們感覺合不來的對象和環境也有其價值觀與道理。因為對方和我們的價值觀、道理不合，才會覺得難以相處。所謂波長不合指的就是這種人。

勉強自己親近這種波長不合的人會是什麼樣的下場呢？那就是壓抑自己配合對方，導致否定自己。

和波長不合的人往來，不僅做不到全面肯定，甚至還會否定自己。與其壓抑自己和合不來的人交談，不如刻意保持距離，彼此尊重才是最好的做法。

100%
受歡迎的
溝通訣竅
31

不與老是抱怨、說壞話的對象打交道和交談。

33

避開討厭鬼的三個方法

雖然不喜歡但不得不接觸時的方法

理想的情況是不說、不聽、不參與壞話。然而人生在世不見得總能遇上善良的夥伴。

有些主管態度高壓，習於控制部下；競爭對手的敵對心態露骨明顯；部下實力不足卻態度高傲；里民自治會、家長會、社區或是媽媽友群當中也有些人光是看到臉就討厭。

然而無論如何討厭對方，有些時候總得和對方相處。這種時候，逃走也是一種明智的選擇。

例如向公司要求人事異動或是開始找新工作，和里民自治會、家長會的成員保持距離等等。

幫討厭的上司取綽號，把不愉快的事情轉化為玩笑

然而在選擇逃走之前，還是有些辦法可以應對。

第一個做法是把不愉快的事情轉變為玩笑。具體的做法是給討厭的對象取綽號，發明只有朋友之間才懂的暗號等等。

例如給老是說教罵人的主管取的綽號是「瀑布」。午休和同事聊天時開上司的玩笑，「瀑布今天也從上午就發大水，我因此體驗了一趟『瀑布修行』（笑）」自然能稍微舒緩一下心情。

用漫畫或是電玩遊戲的反派角色給合不來的對象取綽號也不錯，例如《哆啦A夢》裡的胖虎和《超級瑪利歐兄弟》的庫巴等等。

「今天胖虎還是一樣任性呢（笑）。」

「昨天庫巴戰力稍微減弱，早早就回家去了（笑）。」

當然這種做法無法打從根本改善情況。

然而在心情低落的情況下與其他人打交道，容易對人抱怨起來。沒有人會想靠近愛抱怨的人。

因為討厭的人而變得愛抱怨，又因為愛抱怨而使得大家都和你保持距離，不是得不償失嗎？

既然如此，儘管用討厭的對象來開玩笑，降低對方帶來的打擊不過是暫時敷衍的小訣竅，卻也有其意義。

然而要注意的是這種做法的目的在於減輕心理的負擔，說過頭可就變成說壞話了。

面對講話自以為是的人，就要不反應的練習

有些人的態度特別強硬高壓，習慣頤指氣使、控制他人。面對這種人，保護自己的方法是不要把對方的發言當作一回事。**應對的關鍵不是如何說，而是如何不開口。**換句話說，**最強的防禦辦法是不予反應。**

尤其是高壓型的人有時刻意擺出強硬的姿態，是為了試探想要控制的對象會如何反應。

面對這種人，開口反擊反而正中對方下懷。一旦開口反駁，對方馬上趁勢攻擊。

因此當對方口吐失禮言詞時，刻意不予反應也是一種選擇。不予反應雖然很困難，不過還是有個執行的訣竅。

那就是在心裡默念「哦，你是這麼認為啊！」、「哦，原來有人是這

樣想的啊！」

換句話說，是靠我不做如是想，在自己與對方之間拉出一道銅牆鐵壁。重複不反應的練習，對方久而久之或許會因為你毫無反應而放棄。

不要想著改變那些愛講壞話的人

無論平常多麼用心留意保持舒適空間，總是會遇上在聚餐時七嘴八舌，滿口抱怨與壞話的人。**這時候最好的做法就是假稱身體不適而離席。**

不得已得久待時，**特別要注意的是不要妄想當場改變這些人。**

例如：「大家難得見面，聊些開心的事吧！」、「說好話才會有好日子喔！」一旦說出這種話，心靈馬上受到強烈攻擊。

但是也不能因此配合大家，做出相同反應。

愛說壞話的人，尤其是經常說壞話的人往往內心空虛。為了填補內心的空虛，只好依靠說壞話來滿足心靈。

可惜的是現代社會還有許多這種場合。拳打腳踢等暴力是傷害罪，傷害人心的話語卻往往難以定罪。

最重要的是就算大家都說，你也不要說。既然都耗費寶貴的時間待著了，看見這些壞榜樣，至少要發掘一些新想法，建立自己的中心思想。

100%
受歡迎的
溝通訣竅

32

面對討厭的對象，就取綽號或是不反應。

應對討厭鬼的方法

①幫討厭的對象取綽號

今天胖虎
出乎意外地
溫柔喔～～♪
為什麼？
告訴我
原因嘛～～

②不反應

你這個人
老是在發呆
對吧！
就算你
這麼認為，
我也不
這麼想。

③不改變對方

那個人
好狡猾喔！
對啊對啊。
老是顧著
自己輕鬆。
……

絕對不可以脫口
而出「大家難得
見面，聊些愉快
的事情吧！」

34

好的對話關係從安心開始

放鬆時才有好表現

人要放鬆時才會表現得好，因此**好的對話也是始於放鬆**。所以最好的做法就是盡量避免和會導致自己緊張的對象談話。

現在勉強自己和合不來的人打交道只會造成心理陰影，失去自信罷了。所以千萬不要逼迫自己。

增加和合得來的人聊天的時間，磨練溝通表達的能力之後再嘗試對合不來的人開口。抱持這樣的心態剛剛好。

先磨練自己再和對方交手

無論是多麼害怕開口的人，和衷心信賴的親友家人在一起時也能口若懸河、滔滔不絕。

因此努力的重點不是勉強改善如何和合不來的人溝通，而是親近在一起時自然放鬆、不會否定自己的對象。

如此一來便會發現和肯定自己的人在一起時，自然能輕鬆開口。

換句話說，是特意常和自己容易開口的對象聊天，盡量和對方一起打造容易開口的空間，進而解開不擅長溝通表達的心靈枷鎖。

特意拉長與合得來的人聊天的時間，與合不來的人溝通的時間自然會縮短。

「我得更加磨練溝通表達的方式好克服合不來的人……」

「我得學會和所有人溝通……」

暫時拋下這種想法吧！如果遇上非得自己開口的對象，總之想辦法運用「擴充話術」促使對方自行延伸話題。

就算彼此之間陷入沉默，錯也不在你身上。

100%
受歡迎的
溝通訣竅

33

不需要勉強自己與合不來的人打交道。

面對合不來的人不要勉強

勉強對合不來的人開口

我推動這個專案是因為……
我勸你還是放棄的好。
早知道就不要跟他說了……
失去自信，
變得不願開口。

只對合得來的人開口

我這次要負責新企劃！
太棒了！
妳願意幫我忙嗎？
好啊！
溝通變得愉快！

35

運氣好的人都在說的口頭禪

最常聽自己說話的人就是自己

有個朋友和我一樣，從事傳授溝通表達方法的工作。他有一天問我：

「你知道大家最喜歡聽到別人說什麼嗎？」

答案是表達謝意的話。

「謝謝。」

「託您的福。」

「我很感激。」

這些話就算說的時候不怎麼真心，常常掛在嘴邊一定不會吃虧。

溝通高手一有機會，就會說出這些話。

例如對端來啤酒的店員說「謝謝」。

對計程車司機說「謝謝」。

對便利商店的店員說「謝謝」。

對同事、家人與朋友說「謝謝」。

最常聽自己發言的人正是自己。聆聽自己發言時，心靈通常進入潛意識狀態，不會產生任何質疑。養成說好話的習慣，尤其有益精神健康。

坦率接受讚美和客氣謙虛的人

接下來進入本節的主旨。當有人讚美你時，你會如何反應呢？

「好厲害喔！」、「好美喔！」相信大多數的人聽到這些話，第一個反應是推辭：「沒有沒有，你過獎了。」

然而過於謙虛推辭，對方就無法進一步誇獎了。尤其當對方是誠心誠意讚美時，更容易因為過度客氣而陷入沉默。

此時不妨坦率表示「哇！你這麼說，我好高興」、「真的嗎？謝謝你！」接受對方的好意吧！自己表達謝意固然重要，懷抱感謝的心情接受他人的好意也是一樣。

讚美是以口頭餽贈的禮物。如果對方贈送的是肉眼可見的禮物，想必你會道謝接受吧！既然如此，不妨以同樣的態度接受讚美。接受讚美，表達謝意。建議大家多多觀察溝通高手平常如何表達謝意和接受讚美。

100%
受歡迎的
溝通訣竅
34

讓感謝成為口頭禪，並正向積極地接受讚美。

36

不要在意別人的話，而是話背後的情緒

只聽字面的意思，不叫溝通

現在我雖然寫作出書，站在人前演講和從事教練、顧問的工作，並不代表我的表達溝通能力已經達到完美的地步。

所謂「江山易改，本性難移」，有時我還是會瞥見自己不擅溝通的一面。像是前幾天就發生了一個典型的例子。對方是我輔導很久的客戶，已經認識了十年左右。從客戶剛開始創業時，就來接受我的職涯指導。

當天在我的研習教室討論的是完成課題之後該如何推動事業。因為議題是經營方針，我便有條理地告知客戶應當執行的任務……

然而客戶卻越來越沉默，我於是暫停討論，和客戶去露台喝茶，休息一下。看到對方愁眉苦臉的模樣，我開口詢問理由。

對方的回答卻出乎我意料：「最近永松先生只注重字面上的意思。」

我一時之間不明白對方這句話的意思，客戶又繼續說下去：「以前覺得永松先生會顧慮我的心情，現在卻只了解我說的話字面上的意思。」

我因為過度專注於經營等理性的部分，卻忽略了客戶的情緒。

只聽「話」有時會破壞平衡關係

前文提及的客戶是一名女性經營者。我們剛認識時，她還是普通的粉領族。創業之後憑藉高人一等的經營手段，現在已經是活躍於日本各地的創業家。我也在她身上學到了很多。

「不分男女老少，凡是人都渴望獲得理解。」

我雖然如此教導大家，結果卻連我自己都忘了這個教誨。當時的我冷淡無情，滿腦子想的都是如何快速提出結論，思考獲得成果的最快方法。然而如同前文反覆所述，**重要的不是字面上的意思，而是隱藏於言詞背後的心情**。

她的這番話再次提醒了我「讀空氣」的重要。

要如何關注情緒？

前文提及我個人的失敗經驗，大家的經驗又是如何呢？大家是否留意到對方隱藏於言詞背後的情緒，而非字面的意思呢？

夫妻、情侶、朋友、同事……人生建立於各形各色的人際關係之上。例如伴侶或是戀人在工作繁忙時表示：「你現在專注於工作就好，不需要多掛念我。」

這時候如果真的按照字面上的意思埋首於工作，完全斷絕聯絡，恐怕就要掀起一場戰爭了。倘若對方某一天因為再也忍不住而爆發，你卻也跟著大吼：「你幹麼那麼不高興！不是你叫我要專心工作的嗎？」

這就是只了解字面上意思的狀態。

在伴侶或戀人看來，「就算我這麼說，你也太誇張了吧？居然忙到連打通電話都沒空嗎？你根本不知道我多麼擔心你！」

雙方的關係就此產生裂痕，之後的情況就任大家想像了。單憑字面上的意思來溝通，會造成意想不到的結果。

真正應當關注的不是字面上的意思，而是隱藏於背後的情緒。

100%
受歡迎的
溝通訣竅
35

察覺對方話裡的情緒，而非字面上的意思。

37

百分之百完美的溝通表達方式

站在對方的立場，多多練習

「說話時要顧慮對方的心情。」

這句話大家耳熟能詳，本書中也再三提到。然而言談之間是否能設身處地，則是端看個人的良心。

儘管如此，站在對方的立場、為對方著想並不是件簡單的事。所以我想告訴大家一個我一直悄悄練習的方法。

每當我看到電視上在播放道歉記者會或是報導有人犯下滔天大錯時，總是自問自答：「**如果我是這個人，我會怎麼做？如果這個人出現在我面**

前，我要對他說什麼？」

反覆幾次之後，觀點自然能從自己擴大至對方身上。

我們平常總是不免站在自己的角度思考。然而稍微克制這種想法，學會站在對方的角度，便會越來越受歡迎。

如此一來，觀點也會越來越高遠，視野越來越寬廣。

最完美的溝通技巧，希望對方幸福

今後跟所有人說話時，請都在心裡祈禱對方幸福。如此一來就算談論的內容和幸福毫無關係，對方也必定會感受到你的善意。怨天尤人、抱怨連連的負面對話自然消失得一乾二淨。

每個人心裡都有一條天線，能從話語中感受到對方的心意。良好的人際關係不是單憑話術便能輕鬆建立。

無論是否擅長表達溝通，對方都必定能感受到你的心意；他的感想又會隨著你是為人還是為己而有所改變。秉持為對方著想的心態，開口時自然口若懸河。對方的煩惱在不知不覺中煙消雲散，你也成為對方不可或缺的存在。

如此一來，自然會有一群人聚集在你身邊，而你就像大家的充電器，帶給眾人活力與精神。當然剛開始不見得如此順利。然而當你溝通時只想著對方，自然能感受到對方究竟重視什麼，把對方的需求化為言詞。

「希望對方幸福。」沒有任何一招話術能贏過這種心態，建議大家一定要試試看。

100%
受歡迎的
溝通訣竅
36

用祝福的心態對話，人際關係無往不利。

〈後記〉

對話通暢了，人際關係跟著好的原因

我成為作家這十年以來，出版了三十多本著作。至今出版的書籍橫跨各種領域，卻是第一次提筆寫下以溝通表達為主題的作品。

我非常喜歡寫作這個工作。之前每回都很期待究竟會是哪些讀者拿起我寫的書，這次卻因為過度著力於偏向技巧的內容，遲遲無法下筆。

然而某一天我突然發現：**溝通表達的方式源自心靈**。表達、溝通是極為深奧的領域，單單相關技巧就有許多講師與老師。

儘管如此，我還是能分享一些想法，那就是**結合溝通表達與思考**。我口說我思。假設你每天說出口的話語是火箭，心靈是發射台。改良發射台的性能遠遠比提升每一架火箭的性能來得重要多了。

你的發言反映你的心態。換句話說，**提升溝通技巧相當於磨練心靈**。

如何溝通表達是呈現心靈的結果。當我發現這點時，頓時下筆有如神助。

閱讀本書之後鍛鍊溝通表達的方式，相信你一定會遇上許多奇蹟。所謂的奇蹟是指身邊談不來的人、合不來的人和討厭的人都會紛紛消失。

至於為什麼會發生這樣的奇蹟呢？**那是因為你的心靈和溝通表達方式改變之後，人際關係隨之產生巨大變化**。

所謂物以類聚，改變心靈與溝通表達的方式，心態相仿的人自然會聚集在你身邊。每天都在喜歡的人圍繞之下，愉快度日。不斷磨練心靈，溝通表達因而爐火純青。

如此一來，原本合不來的人和很討厭的人都會消失得一乾二淨。

正確來說，**是因為溝通表達方式進步而變得不再害怕接觸合不來的人與討厭的人，於是這兩種人再也不會出現在身邊**。

我非常喜歡出版這個工作，因為每一本書都象徵我和新團隊的挑戰與故事。本次企劃也很榮幸與優秀的夥伴一同合作。

首先要感謝的是出版社「SUBARU舍」上江洲安成總編，你總是滿懷耐心陪伴我。你觀察入微又心胸寬大。儘管我們是第一次合作，託你的福才能完成本書。

下一位是同一家公司的業務人員原口大輔先生。託你的福，我才能參與這次的企劃。我很高興能和你再次合作。

SUBARU舍採取的合作方式十分新穎，業務人員從企劃的階段便開始參與。你因為熟悉第一線的情況，提供了許多寶貴的意見，值得參考。我很感謝你，今後也請多多指教。

接下來是OCHI企劃的越智秀樹社長。你既是我的出版總監，又是顧問。這次也非常感謝你的協助。因為有你，我才能安心下筆。今後除了出版以外的其他領域也請多多指教。

另一方面，我也要感謝總是抱持初衷，陪在我身邊的株式會社人財育成JAPAN的夥伴、永松茂久專案的成員與永松塾的學員。

多虧大家協助，本書才能面世。每出版一本新書，我都覺得自己身邊有這麼多優秀的夥伴，實在太幸福了。之後我們再一起去旅行吧！

最後我要感謝拿起本書的每一位讀者。我很榮幸能透過本書與大家結緣，希望有一天能和大家聊聊這本書。

祝福大家溝通表達越來越順暢，人生之路越來越無往不利。別忘了你的人生九成靠溝通！

最近剛成為家中成員的迷你貴賓狗阿虎和小櫻在我身邊玩鬧，而我一邊欣賞閃耀夏日清涼色彩的東京鐵塔，向大家表達由衷的謝意。

永松茂久

國家圖書館出版品預行編目資料

共感對話：1 分鐘讓人喜歡的對話術 / 永松茂久作；陳令嫺譯. -- 初版. -- 臺北市：三采文化股份有限公司, 2021.10
面；　公分. -- (iLead；01)
ISBN 978-957-658-642-2(平裝)

1. 說話藝術 2. 溝通技巧

192.32　　110013769

suncolor 三采文化集團

iLead 01

共感對話：
1 分鐘讓人喜歡的對話術

作者｜永松茂久　譯者｜陳令嫺
日文編輯｜李媁婷　校對｜黃薇霓
美術主編｜藍秀婷　封面設計｜高郁雯
版權經理｜劉契妙　內頁排版｜陳佩君

發行人｜張輝明　總編輯｜曾雅青　發行所｜三采文化股份有限公司
地址｜台北市內湖區瑞光路 513 巷 33 號 8 樓
傳訊｜TEL:8797-1234　FAX:8797-1688　網址｜www.suncolor.com.tw
郵政劃撥｜帳號：14319060　戶名：三采文化股份有限公司
本版發行｜2021 年 10 月 15 日　定價｜NT$360